^짤/라 /보/ 는 고전

차라투스트라는
이렇게 말했다

짤라보는 고전
차라투스트라는 이렇게 말했다

초판 1쇄 발행 2022년 7월 15일

지은이 겨울나무
펴낸이 최영민
펴낸곳 헤르몬하우스
기획 시민 K
인쇄 미래피앤피
주소 경기도 파주시 신촌로 16
전화 031-8071-0088
팩스 031-942-8688
전자우편 hermonh@naver.com
등록일자 2015년 3월 27일
등록번호 제406-2015-31호

ISBN 979-11-92520-00-1 (03130)

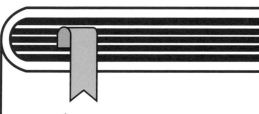

짤/라/보/는 고전

UNITⅡ. 인간의 존재 이유에 관한 생물학적 고찰

짤라보면 인간이 보인다!

차라투스트라는 이렇게 말했다

원작 **프리드리히 니체**

큐레이션 **겨울나무**

자기 극복의 여정

혹은, 니체를 읽는 짤고만의 특별한 시선

117

messages

HERMONHOUSE

건강한 인간,
초인(超人)을 향한 의지

<차라투스트라는 이렇게 말했다Also sprach Zarathustra>는
독일 철학자 프리드리히 니체(Friedrich Wilhelm Nietzsche,
1844년 10월 15일~1900년 8월 25일)의 대표작이다. 니체의
철학은 서양 철학의 플라톤주의를 전복하고 지성사적
전환점을 제시했다는 평가를 받고 있으며, 현대 철학의
시작점으로 인식되곤 한다.

이 책은 니체 나이 38세(1882년)에 구상을 시작하여
1883년부터 1885년 사이 총 4부로 출간되었다. 때는 니체가
스위스 바젤대학에서 10년 동안 고전어와 고전 문학을
강의한 후 건강이 악화되어 이탈리아 등지에서 요양을
하던 시기였다. 그 즈음 니체는 유럽 지성인들의 뮤즈였던
루 살로메(Lou Andreas-Salomé)에게 두 번 청혼해 모두
거절당한 직후였고, 1889년 스위스의 정신병원에 입원하기 전
집필의 마지막 열정을 불사르고 있었다.

이후 정신발작을 일으켜 병원에 입원한 후로는 마땅한
저술활동을 할 수 없었으니, 사실상 니체 철학의 정수는 이

10년 동안 완성되었다고 봐도 무방하다.

<차라투스트라는 이렇게 말했다>는 접근하기에 따라 무척이나 쉽고 가벼운 책일 수도, 한없이 어려운 책일 수도 있다. 그저 수려한 시적 언어로 채워진 잠언서로 읽어내도 그만이고, 행간에 감춰진 방대한 철학적, 인문학적 지식에 입이 떡 벌어질 수도 있다.

이 책은 기존의 철학서들과 달리 '차라투스트라'라는 주인공이 산을 오르내리며 인간 군상들을 만나 벌이는 이야기를 소설처럼 펼쳐놓는다. 10년 만에 하산한 차라투스트라가 시장의 인간들에게 '초인'이 되기를 권하고 가르친다. 하지만 스스로의 힘으로 자신을 극복하고 초인에 이르는 길은 그때나 지금이나 어렵긴 마찬가지다. 쓰인 지 130년이 지난 지금도 니체의 책이 여전히 읽히는 이유는, 소망하지만 초인에 다다르지 못한 인간들의 갈망 때문일 것이다.

니체가 <차라투스트라는 이렇게 말했다>를 통해 전하고

싶은 이야기는 길지만 단순하다. 신이 죽은 허무의 시대에 힘(권력)에의 의지를 북돋워 자신을 극복하는 행위가 건강한 인간, 초인의 삶이라는 이야기다. 내 삶의 주인으로 살기, 주인이 주인일 수 있을 때 춤추듯 자유롭고 경쾌하게 나와 세상을 사랑할 수 있다는 메시지를 담고 있다. 간단해 보이지만 쉽지 않은 여정이다. 마음을 다잡고 <차라투스트라는 이렇게 말했다>를 완독해 봐야 늘 주저하고 매일매일을 대충 살아내고 있는 내가 갑자기 초인으로 다시 태어날 리도 없다.

하지만 시인 박노해가 노래했듯 "세상에 가장 멀고도 가까운 길은/머리에서 가슴으로 가는 길/가슴에서 손발로 가는 길/진정한 자기자신에게 가는 길"이 아닐까? 찬찬히 읽다보면 그 길 위에 서 있는 자신을 발견할 수도 있다.

짤고 시리즈 읽는 법

<짤라보는 고전> 시리즈는 어려운 고전을 '짤라' 쉽게
'재해석한' 큐레이션 북이다. 원문이 가지고 있는 서사의
완결성을 양보하는 대신, 원작의 가치와 메시지를
동시대인의 눈높이에 맞추는데 중점을 두고 큐레이션 됐다.

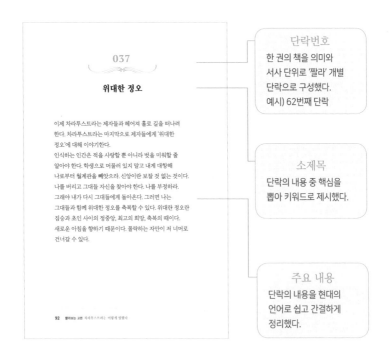

037

위대한 정오

이제 차라투스트라는 제자들과 헤어져 홀로 길을 떠나려
한다. 차라투스트라는 마지막으로 제자들에게 '위대한
정오'에 대해 이야기한다.
인식하는 인간은 적을 사랑할 뿐 아니라 벗을 미워할 줄
알아야 한다. 학생으로 머물러 있지 말고 내게 대항해
나로부터 월계관을 빼앗으라. 신앙이란 보잘 것 없는 것이다.
나를 버리고 그대들 자신을 찾아야 한다. 나를 부정하라.
그래야 내가 다시 그대들에게 돌아온다. 그러면 나는
그대들과 함께 위대한 정오를 축복할 수 있다. 위대한 정오란
짐승과 초인 사이의 정중앙, 최고의 희망, 축복의 때이다.
새로운 아침을 향하기 때문이다. 몰락하는 자만이 저 너머로
건너갈 수 있다.

92 짤라보는 고전 차라투스트라는 이렇게 말했다

단락번호
한 권의 책을 의미와
서사 단위로 '짤라' 개별
단락으로 구성했다.
예시) 62번째 단락

소제목
단락의 내용 중 핵심을
뽑아 키워드로 제시했다.

주요 내용
단락의 내용을 현대의
언어로 쉽고 간결하게
정리했다.

"모든 신들은 죽었다. 이제 우리는 초인이 등장하기를
바란다. 이것이 언젠가 도래할 위대한 정오에 우리의
마지막 의지가 되기를!
차라투스트라는 이렇게 말했다."

원문 발췌
원문의 주요 부분을 발췌해
수록했다.

참고 **Message**

청출어람 청어람(靑出於藍 靑於藍). 중국 전국시대의 사상가로서
성악설(性惡說)을 창시한 순자(荀子)의 <순자> '권학편(勸學篇)'에 나오는
말이다. '푸른색은 쪽(藍)에서 나왔지만, 쪽빛보다 더 푸르다'는 뜻이다.
니체 식으로 풀이하면 차라투스트라를 극복하고 초인(위버멘쉬)이 되어야
한다는 뜻이다.

짧고 메시지
고전과 현재의 콘텍스트
(context)를 위해
메시지를 추가했다.

니체에 닿는 길

살면서 니체의 책을 읽을 기회는 몇 번이나 있을까?
읽었다 한들 젊어서 읽는 것과 나이 들어 읽는 것은 또
다른 느낌이다. 생각이 머무는 지점도 다르고 공감의
강도도 다르다. 한창 젊은 나이에 〈차르투스트라는 이렇게
말했다〉를 읽는다면 닥쳐올 인생에 대한 열정을 불살라볼
자극의 모멘텀이 될 것이고, 삶을 좀 살아본 독자라면 지금의
권태와 게으름에 대한 작은 반성의 기회가 될 수도 있겠다.
스무 살이건 쉰 살이건, 내 삶의 주인으로서 각성하고
행동하려는 의지를 북돋는 것은 쉽지 않다. 아마도 니체와
차라투스트라가 그 새롭고도 당연한 각성을 요구할 것이다.

이 책은 〈차라투스트라는 이렇게 말했다〉를 쉽고 단정하게
정리해 책 왼쪽 페이지에 담았다. 오른쪽 페이지에는
관련한 원저의 내용을 발췌했다. 원저 전부를 읽을 수 없는
독자들이, 그럼에도 불구하고 꼭 한 번은 읽었으면 하는
구절들이다. 특히나 〈차라투스트라는 이렇게 말했다〉

자체가 일종의 잠언서, 혹은 아포리즘처럼도 읽혀 구구절절
아름다운 인용들이 많다. 철학서라기보다 문학서에 가까운
니체의 문장을 읽는 재미가 있다. 오른쪽 페이지 아래에는
해당 부분에서 건져 올린 '짤고 메시지'를 덧붙였다.
'짤라보는 고전' 시리즈가 존재하는 이유인 고전과 현재의
콘텍스트(context)를 시도한 부분이다. 고전이 고전일 수 있는
이유는 현재에도 여전히 의미와 가치를 지니기 때문이다.
그것을 찾는 과정이 짤고 메시지에 담겨 있다.
니체의 책을 큐레이션 하며 문해를 돕기 위해 몇 권의 책과
영상을 참고했다. 장희창이 옮기고 민음사에서 출간한
<차라투스트라는 이렇게 말했다>, 강대석이 옮기고
한길사에서 출간한 <차라투스트라는 이렇게 말했다>,
니체 연구자로 손꼽히는 이진우 교수의 <인생에 한번은
차라투스트라>, 백승영 교수의 <지혜의 향연> 동영상 등이다.
덕분에 니체의 생각에 접근할 수 있었다고 믿는다.
찰스 다윈의 <종의 기원>에 이어 니체의 <차라투스트라는

이렇게 말했다>를 큐레이션 하며 든 여전한 생각은,
과연 큐레이션 북이 친절한 안내자가 될 수 있을까라는
질문이었다. 번역자에 따라 조금씩 달라지는 해석에도
민감한 독자라면 큐레이션이 주는 친절함마저도 거북할 수
있지 않을까 싶다. 하지만 쉽고 가볍게 인문학에 접근하고
싶은 독자라면 기꺼이 즐길만한 텍스트라고 생각한다.
정리한 내용만 읽어도 좋고, 원저에서 가져온 발췌 문구만
읽어도 의미 있고, 해석의 갈래를 열어놓은 메시지 부분만
훑어도 백여 년 전의 텍스트가 현재에 닿는다. 그거면
충분하다.

오른쪽 페이지 인용구 발췌에서 **굵은 글씨**는 원문에서 철자를 각각 띄어 쓴 경우로, 의미의 강조를 위해 사용했다.

2부

차라투스트라는
이렇게 말했다

3부

차라투스트라는
이렇게 말했다

4부

차라투스트라는
이렇게 말했다

1부

차라투스트라는
이렇게 말했다

. . .

모든 이를 위한,
그리고 그 누구의 것도 아닌 책

001

차라투스트라를 만나기 전

차라투스트라는 니체가 창조해낸 가상의 인물이자 이
책의 주인공이다. 니체는 왜 굳이 주인공까지 등장시켜
철학서를 문학서처럼 썼을까? 아마도 '차라투스트라'는
니체의 '부캐'이자 니체 철학의 대변자쯤이 아니었을까
짐작해본다. 니체는 자기 사유의 절절한 고백을 위해 가상의
인물 차라투스트라를 등장시켜 이 철학서의 전개에 드라마를
부여한다.

자, 이제 니체와 차라투스트라의 여정이 시작된다.
차라투스트라는 무려 10년간 세상을 떠나 산 위에 머물며
고독했다. 그리고 아침 동이 틀 무렵, 홀연히 태양 앞으로
걸어 나온다. 연극적인 등장이다. 신(神)의 등장이 그러했듯,
차라투스트라 역시 못지않은 존재감으로 빛처럼 세상에
내려온다.

"차라투스트라가 서른 살이 되었을 때, 고향과 고향의 호수를 떠나 산으로 들어갔다. 여기서 그는 십 년의 세월을 지치지도 않고 정신과 고독을 즐기며 살았다. 그러나 마침내 심경의 변화가 일어났다."

짤고 **Message**

차라투스트라는 페르시아인 '조로아스터(Zoroaster)'를 현대식으로 표기한 이름이다. 조로아스터는 기원전 630년경 페르시아에서 태어나 조로아스터교를 창시한 '완전한 인간'의 대표자다. 니체의 차라투스트라는 조로아스터와는 아무런 관련이 없다. 다만 이름만 빌렸을 뿐이다. 훗날 니체의 <차라투스트라는 이렇게 말했다>에서 영감을 얻은 작곡가 리하르트 슈트라우스는 '차라투스트라는 이렇게 말했다'(1896)라는 교향시를 작곡했다. 이 곡은 스탠리 큐브릭의 영화 <2001 스페이스 오디세이>(1968)에 쓰여 널리 알려졌다.

하산(下山) 혹은 몰락(沒落)

매일 아침 동쪽 산 너머에서 태양이 떠올라도 그 빛을 비출
존재가 없다면 무슨 의미일까? 태양이 태양으로 존재하기
위해선 넘쳐흐르는 빛의 수혜를 누릴 인간, 혹은 생명의
존재들이 있어야 한다. 차라투스트라는 꿀을 모으는 벌처럼
지혜를 쌓은 후 마침내 10년 만에 산에서 내려와 인간을
만나고자 한다.

태양이 세상을 비추듯, 차라투스트라는 인간에게 지혜를
나누어주려 한다. 자신을 태양에 비유하는 차라투스트라의
자존감은 무척이나 드높다. 차라투스트라는 먼저 깨달은
선지자이자 앞서가는 자이다. 그는 자신의 지혜를
인간들에게 나누어주고 다시 비워지기를 희망한다.

"나는 베풀어주고 나누어주려 한다. 사람들 가운데서
현명한 자들이 다시 자신들의 어리석음을 기뻐하고,
가난한 자들이 다시 넉넉함을 기뻐할 때까지.
그러기 위해 나는 저 심연으로 내려가야만 한다.
저녁마다 바다 저편으로 내려가 하계(下界)를
비추어주는 그대처럼, 그대 풍요로운 별이여!"

짧고 Message

니체는 이 책의 첫머리에서 '하강(下降)'의 이미지를 빌어온다.
차라투스트라는 산에서 내려오고(下山), 인간 속에서 '몰락(沒落)'하기를
원한다. 그는(또는 차라투스트라는) 이미 높은 곳에 있는 존재다. 채워진
지혜를 인간 세상에서 비워내기 위해 스스로 심연(深淵)으로 향한다.
그곳은 낮고 무지하고 무질서한 곳이다.

성자와의 만남

산에서 내려와 사람들이 사는 마을(시장)로 향하는 길에
차라투스트라가 한 노인을 만난다. 노인은 그에게 왜
세상으로 나가려 하는가 묻는다. 차라투스트라의 대답은
"인간을 사랑하기 때문"이다. 하지만 인간을 사랑하는 대신
신을 사랑하기로 선택한 노인은 그의 하산을 만류하며
조언한다. 인간은 너무도 불완전한 존재이며, 인간에 대한
사랑은 결국엔 차라투스트라를 파멸시킬 것이라고. 또한
인간들은 은둔자를 불신하니 차라리 산에 머물며 한 마리
새처럼 노래하며 신을 찬양하라 말한다.

"도대체 이럴 수 있을까! 저 늙은 성자는 숲속에만
살아서 **신이 죽었다는** 소식을 아직 듣지 못했구나!"

짤고 Message

그 유명한 니체의 선언이 책머리에 등장한다. "신은 죽었다!" 여기서
니체가 말하는 신은 기독교의 신이자 서구의 전통적 가치를 의미한다.
반기독교주의자였던 니체는 19세기 말, 세속화된 기독교에 '신은
죽었다'며 절연을 선언하고 초월적 절대자로서의 신에 맞서 인간(의
의지)을 사랑하기로 결심한다.

시장에서 초인을 가르치다

드디어 차라투스트라는 도시의 시장에 도착한다.
줄타기 광대의 공연을 보기 위해 모여든 군중을 향해
차라투스트라는 사자후를 토한다. "그대들에게 초인(超人)을
가르치려 하노라." 초인이란 대지의 뜻이고, 신은 이미
죽었으므로 대지에 충실해야 한다고 간곡히 이야기한다.
영혼이 몸의 우위에 있던 이원론의 시대에 몸은 경멸의
대상이었지만 이제는 가난하고 더러운 영혼이 아닌, 몸과
대지에 충실해야 한다고, 그래야 바다 같은 초인이 될 수
있다고 말한다. 그러나 군중들은 야유하고, 광대는 곡예를
시작한다.

"나는 그대들에게 초인(超人)을 가르치노라. 인간은
극복되어야 할 그 무엇이다."

짧고 Message

니체의 원저에 '초인'은 '위버멘쉬(Übermensch)'라고 쓰여 있다. 영어로
풀면 오버맨(overman)이다. 니체의 위버멘쉬(초인)는 영원회귀의
진리를 깨닫고 '힘의 의지'를 실천할 미래의 인간이다. 위버멘쉬라는
단어의 구성만을 놓고 보면 '(다리를) 건너는 사람'이란 뜻을 지닌다. 과거
일본어로 번역된 니체의 책이 수입되는 과정에서 초인, 초월하는 사람,
슈퍼맨 등으로 쓰인 것은 문맥상 그른 해석이다.

005

건너가는 자, 인간

차라투스트라에게 인간이란 짐승과 초인 사이, 위태로운
다리를 건너고 있는 몹시도 불완전한 존재이다. 하지만
그렇기 때문에 아름다운 존재이기도 하다. 스스로를
경멸하고, 나락의 밑바닥으로까지 몰락해야 영혼의 상처를
딛고 다시 일어설 수 있기 때문이다. 차라투스트라는 기꺼이
그 고통스러운 다리를 건너는 인간을 위해 번개의 예고자가
되기를 자청한다. 그들의 머리 위로 쾅쾅 번개를 내리쳐
다가올 초인을 가르치려 한다.

"인간은 짐승과 초인 사이에 매어진 밧줄이다. 심연 위에 걸쳐진 밧줄이다.

저쪽으로 건너가는 것도 위험하고, 줄 가운데 있는 것도 위험하며, 뒤돌아보는 것도 위험하고, 공포에 떨며 멈춰 서는 것도 위험하다.

인간의 위대함은 그가 다리(橋)일 뿐 목표가 아니라는 데 있다. 인간이 사랑스러울 수 있는 것은 그가 건너가는 존재(Übergang)이며 **몰락하는** 존재(Untergang)라는 데에 있다."

짧고 Message

인간은 아주 오래전부터 무언가를 '건너는' 존재였다. 고대 로마 시대, 율리우스 카이사르는 그 유명한 루비콘강을 건너 로마에 입성하면서 공화정의 오랜 전통을 깨고 로마 제국의 단초를 놓았다. 건너는 자, 용기 있는 자만이 새로운 길 위에 설 수 있다.

마지막 인간

하지만 시장에 모인 군중들은 차라투스트라의 가르침 따위는
관심 밖이다. 인간이란 타인으로부터 경멸받기를 꺼려하지만
차라투스트라는 가장 경멸스러운 인간, 마지막 인간에 대해
이야기하며 군중을 설득하기 시작한다.

마지막 인간, 가장 경멸스러운 인간은 이웃의 온기를 필요로
하고 질병을 제거하려 하며, 이따금 미량의 독을 즐기고
오락으로서의 노동을 한다. 그리하여 적절한 부를 쌓고
모두가 평등하기를 원하며 영리하고, 평화로우며, 조촐한
쾌락을 즐길 때 '행복'해 한다.

그러자 군중이 조롱하며 반응했다. "차라투스트라여, 우리를
그 마지막 인간으로 만들어달라. 그러면 그대에게 초인을
선사하겠다!" 차라투스트라의 조언은 군중의 귀에 가닿지
못했고, 그는 슬펐다.

"슬프구나! 인간이 스스로를 더 이상 경멸할 줄 모르는, 가장 경멸스러운 인간들의 시대가 오고 있다!"

짧고 Message

차라투스트라가 얘기한 마지막 인간의 아홉 가지 모습은 니체가 살았던 19세기뿐 아니라 21세기 현재에도 인간이 원하는 행복한 삶이다. 무병장수, 부와 평화, 소소한 쾌락은 평범한 인간들의 꿈이다. 그런데 왜 니체는 마지막 인간이라 경멸했을까? 그 꿈에 매몰돼 사랑과 창조, 동경의 불꽃을 잃었기 때문이다.

줄타기 광대의 죽음

차라투스트라가 마지막 인간에 대해 탄식하는 사이,
시장에서는 줄타기 광대가 공연을 시작한다. 높다란 두 탑
사이의 밧줄에 매달려 장대를 들고 줄을 타던 광대는, 곧이어
등장한 익살꾼 광대가 자신을 훌쩍 뛰어넘어 줄 앞으로
나서자 허우적거리다 추락한다. 시장은 아수라장이 되고
군중은 흩어진다. 차라투스트라는 추락한 줄타기 광대의
곁에서 그의 죽음을 지킨다.

"그렇지 않다. 그대는 위험한 일을 천직으로 삼았으니 조금도 경멸할 것이 없다. 그리고 이제 그 천직 때문에 파멸을 맞이한다. 그러니 내가 직접 그대를 묻어주겠다."

짧고 Message

줄타기 광대는 차라투스트라의 은유에 빗대면 밧줄을 '건너는 자', 위버멘쉬이다. 줄타기 광대는 위험하지만 밧줄 위를 건너기를 주저하지 않았던 용기 있는 초인의 상징이었다.

죽은 자와 함께 걷다

인간의 존재 의미를 가르치려 했던, 초인을 가르치려 했던
차라투스트라는 군중이 모두 흩어진 시장 한복판에 광대의
시체와 함께 남겨졌다. 이윽고 어둠이 내린 그곳에서
차라투스트라는 광대의 시체를 어깨에 들쳐메고 길을
나선다. 이때 광대를 밧줄에서 떨어지게 했던 익살꾼이
등장해 차라투스트라의 귓가에 속삭인다. 어서 이 도시를
떠나라고. 군중은 경멸하는 자, 차라투스트라를 미워하니
줄타기 광대처럼 죽고 싶지 않다면 길을 재촉하라고
조롱한다.
광대의 시체를 멘 차라투스트라는 성문을 지나 굶주린
늑대가 울부짖는 숲과 늪을 지나 외딴집 앞에 도착한다.
외딴집의 노인에게 빵과 포도주를 얻어먹은 차라투스트라는
다시 광대의 시체를 메고 밤길을 걷는다. 그리고 새벽이
밝아올 무렵, 지친 차라투스트라는 시체를 텅 빈 나무 속에
뉘고 그 역시 땅과 이끼 위에 누워 잠이 든다.

"나는 인간들에게 그들의 존재 이유를 가르쳐주고 싶다.
그것은 초인, 인간이라는 검은 구름을 뚫고 번쩍이는
번개이다.
그러나 나는 아직도 그들로부터 멀리 떨어져 있으며,
나의 생각은 그들과 통하지 않는다. 인간들에게 나는
여전히 바보와 시체의 중간에 있는 자이다."

 짧고 Message

21세기, 인간은 산 자와 죽은 자의 경계에 있지 않다. 인류는 과학기술의
발전 덕분에 인공지능(AI)과 가상현실(VR) 기술을 접목해 죽은 자를 현실로
소환한다. 2021년 초 국내에서는 'VR 휴먼다큐멘터리 너를 만났다'를 통해
세상을 떠난 아내를 가상현실 기술을 통해 다시 만나는 남편의 이야기가
방영되었다.

009

살아 있는 길동무

고요한 숲에서 깨어난 차라투스트라는 자신의
내면을 바라보았다. 그리고 새로운 진리를 깨닫는다.
차라투스트라에게는 시체가 아닌 살아 있는 길동무가
필요하다는 것을. 이제 차라투스트라는 군중이 아닌
길동무들에게 말하기로 한다. 올바른 믿음을 지닌 신자로
자처하는 자들을 길동무 삼아, 그들이 굳게 믿는 가치의
서판을 부수기로 한다. 차라투스트라는 낡은 서판을 부수고
새로운 가치를 새로운 서판에 써넣을 자, 창조하는 자,
수확하는 자, 기뻐하는 자와 함께 하기로 결심한다.

"나는 창조하는 자, 수확하는 자, 기뻐하는 자와 함께
하리라. 그들에게 무지개와 초인에 이르는 계단을
보여주리라."

짧고 Message

차라투스트라가 깨부수고 싶어한 서판(書板)이란 기독교의 서판을
상징한다. 서판이란 글을 적는 판자로, 결국 십계명이 적힌 두 돌판도 넓은
의미에서 서판에 해당한다.

독수리와 뱀

이제부터 살아 있는 길동무와 함께 하기로 결심한 그 순간, 정오의 태양이 내리쬐는 그때, 차라투스트라의 머리 위로 한 마리 독수리가 커다란 원을 그리며 난다. 독수리의 목에는 한 마리 뱀이 마치 여자친구처럼 매달려 있다. 차라투스트라는 곧바로 알아보았다. "내 짐승들이다."
차라투스트라는 긍지 높은 독수리와 영리한 뱀을 자신의 동물로 삼고 다시 길을 떠나기로 한다.

"더 영리해지고 싶다! 나의 뱀처럼 밑바닥에서부터
영리해지고 싶다.
그러나 나는 불가능한 것을 바라고 있다. 그러니 나는
나의 긍지가 언제나 영리함과 함께 하기를 바랄 뿐이다!"

짧고 Message

독수리와 뱀은 차라투스트라의 상징이다. 비상하는 존재 독수리는 긍지와
자부심, 정신을 표현한다. 대지를 기어다니는 뱀은 낮은 몸짓으로 세상의
심연을 들여다본 영리함, 몸, 물질의 다른 이름이다. 차라투스트라는
독수리의 목을 휘감은 뱀, 이 한 덩어리의 동물들을 통해 정신과 몸, 이상과
물질, 나누어진 이원론적 세계의 조화를 꿈꾼다.

낙타

하산, 시장, 군중, 광대의 죽음을 거쳐 독수리와 뱀을 만난
차라투스트라는 본격적인 가르침을 이야기한다. 첫 주제는
정신의 세 가지 변화다. 정신이 낙타가 되고, 낙타는 사자가
되며, 사자는 아이가 되는 변화.
그렇다면 낙타란 무엇인가? 낙타는 무거운 짐을 짊어지고
사막을 걷는 동물이다. 인간이 시시때때로 자기 내면의 강한
인내로 삶을 감내하는 것을 낙타에 비유한다. 유혹으로부터
물러나고 영혼의 굶주림을 견디는 것, 때로는 우리를
경멸하는 자들을 사랑해야 하는 고통은 낙타의 등에 걸린
짐처럼 무겁기 그지없다.

"인내심 많은 정신은 가장 무거운 짐을 짊어지고 자신의 사막을 달려간다. 무겁기 그지없는 짐을 가득 짊어지고 서둘러 사막을 달리는 낙타처럼."

짤고 Message

낙타는 어쩌다 니체에 이르러 인내의 동물이 되었을까? 실제로 낙타는 사막에서도 오랫동안 물을 섭취하지 않고 생존이 가능하다. 이때 낙타의 등에 붙은 혹은 지방을 분해해 수분과 양분을 보충해주는 기능을 한다. 또한 낙타의 무릎은 인내의 상징이기도 하다. 사막의 모래바람이 거셀 때, 낙타는 무릎을 꿇고 바람이 지나가길 기다린다. 성경에서는 낙타의 무릎을 인내와 기도의 표상으로 풀이한다. 그래서 기도의 선지자 야고보는 '낙타 무릎'이라는 별명을 갖고 있었다.

사자와 아이

낙타가 되었던 정신은 두 번째 변화를 겪어야 한다. 무거운
짐을 견디는 낙타로 만족하지 못한다. 바로 사자가 되어야
한다. 사자는 체념과 인내를 넘어 새로운 창조를 위한 자유를
강탈하는 힘이다. 의무와 인내 앞에서 '아니오'라고 말할 수
있는 자유를 쟁취하기 위해 사자가 되어야 하는 것이다.
그렇다면 강탈하는 사자는 왜 세 번째 변화, 아이가 되어야
할까? 아이란 완전무결한 순수의 존재, 새로운 출발이다.
창조의 즐거움을 위해 인간의 정신은 낙타와 사자를 거쳐
아이가 되어야 한다. 그래야만 자신의 의지로 자신의 세계를
되찾을 수 있다.

"그렇다, 나의 형제들이여. 창조라는 유희를 위해서는 성스러운 긍정이 필요하다. 이제 정신은 **자신의** 의지를 원하고, 세계를 잃은 자는 **자신의** 세계를 되찾는다."

짧고 Message

니체의 성스러운 긍정은 '디오니소스적 긍정'이다. 그리스 신화의 디오니소스(Dionysos)는 로마 신화의 바쿠스(Bacchus)와 같은 인물로 풍요와 다산, 황홀경과 포도주의 신이다. 또한 죽음과 재생의 신이기도 하다. 니체의 디오니소스적 긍정이란 인간과 세계에 대한 무한한 긍정을 의미한다.

단잠

차라투스트라는 잠과 덕에 대해 설교하는 현자의 강연을
듣게 된다. 현자의 강연은 이것이다. 낮 동안 열 번 자신을
극복하고, 낮 동안 열 번 자신과 화해하고, 낮 동안 열 가지
진리를 찾아내고, 낮 동안 열 번 웃어야 단잠을 잘 수 있다.
단잠을 이루기 위해선 이 모든 덕을 갖추어야 하는데 이것이
쉽지 않다. 단잠은 덕의 주인으로, 소박하고도 즐거운 낮을
보낸 자에게 찾아든다.

단잠을 위해 낮 동안 깨어 있으라는 현자의 지혜에
차라투스트라는 마음속으로 미소 짓는다. 과히 틀린 말이
아니다. 참으로 삶은 무의미하지만, 무의미를 택하지 않기
위해 단잠과 덕을 찾는 것도 의미 있다고 여긴다.

"유명한 이 강단의 모든 현자들에게 지혜란 꿈 없는 잠이었다. 그들은 삶의 보다 큰 의미를 알 수 없었다."

 짤고 Message

꿈 없는 잠. 그것은 21세기 대한민국으로 치환하면 '소확행'쯤 되겠다.
소소하지만 확실한 행복. 일본 작가 무라카미 하루키의 수필집
<랑겔한스섬의 오후>에 등장해 2018년 한국 청년들을 자족시켰던 단어다.
서랍 속 반듯하게 접힌 속옷, 정결한 면 냄새를 풍기는 셔츠... 일상의
구석구석에서 작은 행복을 추구하는 인간의 심리를 담고 있다.

세계 너머의 세계

차라투스트라도 한때는 세계 너머의 세계, 피안에 대한
망상을 품었었다. 고통으로부터 눈을 돌려 도취와 망각을
추구했기 때문이다. 그러나 그 '세계 너머의 세계'는
불완전하고 모순된 세계였다. 내가 '꾸며낸 신'이 만든 망상일
뿐이었다. 그것은 진정한 피안이 아니었다. 고뇌와 무능함이
꾸며낸 행복한 망상일 뿐이었다.

"아, 형제들이여. 내가 만들어낸 이 신은 다른 모든 신들과 마찬가지로 인간의 작품이자 망상이었다! 이 신은 인간이었고, 인간과 자아의 초라한 단편일 뿐이었다. 이 유령은 나 자신의 타고 남은 재와 열기로부터 내게 온 것이었다! 그것은 결코 피안으로부터 온 것이 아니었다!"

짧고 **Message**

피안(彼岸)이란 생사고해(生死苦海)를 넘어선 이상향이다. 번뇌가 소멸된 완전한 깨달음의 세계, 열반(涅槃)을 의미한다. 불교 교리에서 나온 말이지만 모든 종교가 꿈꾸는 이상적 경지이기도 하다.

몸과 대지

그렇다면 어떻게 행복한 망상에서 벗어나 진정한 세계를
발견할 것인가? 차라투스트라는 '몸(육체)'에 대해 이야기한다.
존재의 뱃속이 하는 말을 들은 것은 바로 몸이었다. 몸은
정직하다. 무지몽매한 손가락으로 정신의 세계를 더듬는
헛발질을 멈춰야 한다. 긍지 넘치는 인간으로 서기 위해선
정직하게 몸과 대지를 바라보아야 한다.

"형제들이여, 차라리 건강한 몸의 소리에 귀를 기울여라.
그것이 보다 정직하고 순수한 소리이다.
건강한 몸, 완전하고 반듯한 육체는 더 정직하고 보다
순수하게 말한다. 그리고 바로 이러한 몸이 대지의
의미를 전해준다."

짧고 Message

니체가 서양 철학의 이성중심주의로부터 벗어나 몸에 주목한 이후, 몸은
정신을 담는 그릇에서 나아가 몸 자체로 존중받게 되었다. 현대사회에서
몸은 인간의 정체성, 사회적 계급, 문화자본 등 다양한 함의를 갖고
중요성이 강조된다.

016

자기(Selbst), 몸

아이는 "나는 몸이며 영혼이다"라고 말한다. 그런데 왜
우리는 아이처럼 말하지 못할까? 몸을 경멸하기 때문이다.
차라투스트라는 몸을 경멸하는 자들에게 이렇게 말한다.
"몸에 작별을 고하고, 침묵하라."
몸은 정신이 깃드는 도구이자 장난감이 아니다. 몸은 거대한
이성이다. 허황한 감각과 정신의 이면에는 '자기(Selbst)'가
있다. 자기는 자아의 강력한 지배자다. 자기는 사상과 감정의
배후에 있으며, 우리의 몸 속에 살고 있고, 바로 몸이다.
사실, 몸을 경멸하는 자들은 존경하기 때문에 그러하다.
경멸은 존경에서 나온다. '창조하는 자기'가 경멸과 존경,
쾌락과 고통을 창조했고, '창조하는 몸'이 의지를 실천하기
위해 정신을 창조한 것이다.

"형제여, 그대의 사상과 감정의 뒤에는 강력한
명령자, 알려지지 않은 현자가 있으니, 그것이 바로
자기(Selbst)이다. 그것이 그대의 몸속에 살고 있고,
그것이 바로 그대의 몸이다."

짧고 Message

서양 철학에서 몸을 천시한 대표적인 두 명의 철학자는 플라톤과
데카르트였다. 플라톤은 "몸은 영혼의 감옥"으로 여겼다. 심신(心身)
이원론을 주장했던 데카르트는 몸을 배제한 채 오로지 정신만으로 순수한
진리에 도달해야 한다고 생각했다. 몸은 그 길에 놓인 장애물이었다.
그리하여 나온 유명한 선언이 "나는 생각한다. 고로 존재한다"였다.

017

열정과 환희

그대가 지닌 덕은 열정으로부터 자라난 것이다. 열정의
심장에 무언가 최고의 목표를 새겨넣는 순간, 그것은 쑥쑥
자라 덕이 되고 환희가 된다. 따라서 많은 덕을 지닐 수
있다면 굉장히 멋진 일일 테지만 그에 따른 고통과 전투 역시
감내해야 한다. 덕은 온힘, 그대가 가진 힘 전체를 요구하기
때문이다.

"일찍이 그대는 열정을 갖고 있었고 그것들을 악이라 불렀다. 그러나 이제 그대는 오직 그대의 덕만을 가지고 있으니, 그 덕은 그대의 열정으로부터 자라난 것이다. 그대는 이러한 열정의 심장에 그대의 최고 목표를 새겼다. 그래서 이 열정은 그대의 덕이 되고 환희가 되었다."

짧고 **Message**

욕망하고 욕망을 인정하는 것. 그리하여 내 안의 악마를 천사로 만드는 일은 초인에 다가가는 여정이다.

창백한 범죄자

여기, 살인과 도적질을 저지른 범죄자가 있다. 붉은 옷의
재판관은 그가 강탈을 시도하다 살인까지 저질렀다고
말한다. 그러나 차라투스트라는 이 범죄자가 칼의 행복에
굶주려 살인을 저지르고 강탈까지 했다고 말한다. 범죄자의
낯빛이 창백해진 것은, 그가 자신의 범죄에 납덩이 같은
죄책감을 느꼈기 때문이다. 그는 죄인이자 병든 자이다. 그는
자신의 죄를 통해 스스로가 병든 자, 가련한 자임을 알게
되었다.
차라투스트라는 차라리 이 창백한 범죄자가 붉은 옷의
재판관들보다 낫다고 여긴다. 적어도 자신의 약함을 알고
있으므로.

"나는 참으로 그들의 망상이 진리, 성실, 또는 정의라고
불리어지기를 바란다. 그러나 그들은 오래 살기 위해서,
가련한 안일 속에서 오래 살기 위해서 자신의 덕을
지니고 있다.
나는 흐르는 강가의 난간이다. 붙들 수 있는 자는
붙들어라! 그러나 나는 그대들의 지팡이가 아니다."

짧고 Message

"나는 광주의 계엄군이었습니다." 1980년 5월, 광주 진압 작전에
투입되었던 공수부대원이 42년 만에 그날의 진실을 고백하고 용서를
빌었다. 그를 만난 5.18 민주화운동 유가족은 망설임 없이 그를 용서했다.
단죄의 대상은 한 명의 계엄군이 아니라 진압과 발포를 명령한 이들이었기
때문이다.

019

읽고 쓰기

차라투스트라가 삶을 기꺼이 맞아들이는 자세에 대해
이야기한다. 삶은 늘상 감당키 어려운 무게로 인간을
짓누른다. 그러니 연약한 태도로 맞서다가는 한 발자국도
앞으로 나아갈 수 없다. 중력을 거스르는 힘찬 발걸음만이
우리를 춤추게 할 수 있다. 밀려 움직이기보다 경쾌한
움직임으로 걷고 달려야 한다.

읽고 쓰기 역시 마찬가지다. 게으른 독자를 위해 쓴 썩은 내
풍기는 글은 읽고 쓰는 이의 생각마저도 썩게 만든다. 글은
피로 써야 한다. 피가 정신이다. 피로 쓴 글은 읽히는 것이
아니라, 암송되어질 것이다.

"가장 높은 산에 오르는 자는 모든 비극적 유희와
비극적 진지함을 비웃는다.
용기를 가져라, 태연하라, 조롱하라, 난폭하게 행동하라.
지혜는 여인으로서 언제나 전사(戰士)만을 사랑한다."

짧고 **Message**

2021년 여름, 괴짜 억만장자 리처드 브랜슨 버진그룹 회장이 인류 역사상
첫 번째 우주 관광의 역사를 열었다. '버진 갤럭틱'에 탑승해 중력을
거스르고 대기권에 날아올라 80km 상공에서 14분간 미세중력 상태를
경험하고 지구로 귀환했다. 역사는 그런 이들에 의해 한 발 한 발 앞으로
나아간다.

020

자유를 꿈꾸는 죄수

차라투스트라가 산속을 걷던 중 나무에 기대앉은 한
젊은이를 만난다. 젊은이는 지쳐 있었다. 젊은이는 고귀한
자가 되려고 애쓰다 고독 속에 홀로 남겨졌다. 그 내면에는
자신에 대한 경멸과 타인에 대한 동경이 혼재되어 있었고,
아직 자유를 찾아 헤매고 있었다.

차라투스트라는 젊은이에게 산비탈에 뿌리내린 나무에
빗대어 인간과 삶의 진리에 대해 이야기한다. 우리 눈에는
보이지 않는 바람이 나무를 흔들어 가지를 구부러트리듯
인간도 보이지 않는 손에 의해 고통받고 있고, 나무가 구름
근처에서 최초의 번개를 기다리듯 인간 역시 최고의 희망을
신성하게 간직해야 한다고.

차라투스트라가 보기에 젊은이는 아직 자유를 꿈꾸는 죄수일
뿐이었다. 하지만 그에게 사랑과 희망의 끈을 놓진 않았다.

"이 나무는 여기 산 위에 외롭게 서 있네. 이 나무는
인간과 짐승들 위로 높이 솟아 있네.
이 나무가 말을 하고 싶어 해도 자기 말을 알아듣는 자는
없겠지. 그만큼 이 나무는 높이 자란 것일세.
이제 이 나무는 기다리고 기다린다네. 도대체 무얼
기다리는 걸까? 이 나무는 구름과 가까이에 살면서
최초의 번개를 기다리고 있는 게 아닐까?"

짤고 Message

우리 시대 MZ 세대들이 희망하는 '고귀한 자'는 무엇일까? 가상화폐 부자?
건물주? 유튜버? 무엇이 됐든 산비탈에 깊게 뿌리내린 드높은 나무는 아닐
것이다.

죽음을 설교하는 자들

세상에 죽음을 설교하는 자들이 널려 있다. 그들은
삶이 고통일 뿐이며, 차라리 삶을 포기하라고 설교하는
자들이다. 그러나 나는 차라리 그렇게 설교하는 그들이
삶으로부터 떠나버렸으면 좋겠다. 사악한 선의로 포장된
죽음을 설교하는 그들은 피로와 체념을 가르치고, 삶은
부정되었다고 떠벌리며, 욕망을 버리라 부추긴다.
그렇다! 삶은 고통이다. 삶은 고된 노동이며 불안이고 견디기
어려운 혐오이기도 하다. 하지만 삶을 좀더 믿어야 한다.
'영원한 삶'을 위해 현재를 포기할 순 없다.

"대지는 쓸모없는 자들로 가득하며, 삶은 너무도 많은
어중이떠중이들 때문에 썩어 있다. 그들을 영원한
삶이라는 미끼로 유혹하여 지상의 삶으로부터 사라지게
만들 수 있으면 좋으련만!"

짧고 Message

종교는 영원한 삶, 지금 세계 너머의 평안을 약속한다. 그러나 니체는
기도와 위로의 종교가 포기와 죽음, 체념의 설교로 변모했다고 비판한다.
우리 사회의 종교는 어떨까? 태극기 집회와 감염병 집단 발병으로 불편한
이목을 끌었다. 니체의 시대로부터 크게 나아가지 못했다.

022

인식의 전사(戰士)

차라투스트라는 냉혹하다. 그는 어설픈 소녀 취향의 평화와
안정, 선함을 인정하지 않는다. 차라투스트라에게 진정한
사랑이란 인식의 전사가 되어 맹렬한 투쟁과 전쟁을
자처하는 것이다. 동정보다는 용기가 필요하다. 자신이
좋아하는 모든 것으로부터 명령받아 결국엔 극복해내는 것.
그것이 전사의 삶이다.

"그대들에게 최고의 사상을 명령한다. 인간은 극복되어야 할 그 무엇이다.

그러므로 그대들은 순종과 투쟁의 삶을 살라! 오래-사는 것이 무슨 가치가 있는가! 용서받기를 원하면서 어찌 전사라 하겠는가!"

짧고 Message

대한민국 근대사에도 투쟁으로 점철된 삶을 살아낸 전사가 있다. 2021년 2월 세상을 떠난 시인이자 작가이며 사회운동가 백기완 선생이다. 저항가요 '임을 위한 행진곡'의 유래가 된 시를 쓰기도 했던 백기완 선생은 농민운동, 노동운동, 통일운동의 현장에서 우리 사회의 진보를 이끌었다.

023

국가, 새로운 우상

국가란 무엇인가? 국가란 온통 거짓말과 도둑질로 만들어진
가짜다. 어중이떠중이들을 현혹하고, 간혹 낡은 신을 극복한
위대한 영혼들에게 조차 섬김을 강요하는 새로운 우상이다.
권력과 돈을 좇는 인간 쓰레기들이 넘쳐나고, 그 진창 속에서
앞다퉈 왕좌에 오르려 애쓰는 원숭이들로 악취가 넘쳐나는
곳이다.

위대한 영혼을 지닌 자라면 응당 국가로부터 벗어나
자유로운 삶의 대지에 우뚝 서야 한다. 국가가 없어지는
곳에서 비로소 자유로운 인간의 노래가 시작될 것이다.
국가가 없어지는 곳, 그곳에서 초인에 이르는 다리가 보일
것이다.

"선한 자나 악한 자나 모두 다 독을 마시게 되는 곳, 나는 그곳을 국가라고 부른다. 선한 자나 악한 자나 모두 다 자기 자신을 상실하는 곳, 나는 그곳을 국가라고 부른다. 모든 사람이 서서히 자살하는 것을 삶이라고 부르는 곳, 나는 그곳을 국가라고 부른다!"

짤고 Message

2021년 7월, 우리나라는 유엔무역개발회의(UNCTAD)에서 선진국 그룹으로 변경되었다. 더 이상 개발도상국이 아니다. 국내총생산(GDP) 규모는 세계 10위권에 속해있다. 그렇다면 국민의 행복지수는 어떨까? OECD 37개국 중 35위 수준이다.

024

시장의 파리떼

온화하고 올바른 마음씨를 지닌 벗이여, 파리떼 득실거리는
시장을 떠나 고독 속으로 떠나라. 고독의 반대편엔 시장이
열린다. 시장에선 성대하게 차려입은 어릿광대의 소음과
자네의 영혼을 야금야금 갉아먹는 파리떼의 복수만이 펼쳐질
뿐이다. 그들은 그대가 베푼 은혜를 은밀한 악행으로 되갚고
그대의 피를 원한다. 시장은, 시장의 파리떼들은 그대에게
아무런 가치도 없는 존재다. 그들을 구제하기 위해 파리채가
될 필요도 없다. 위대한 일은 모두 시장과 명성을 떠난 곳에서
일어날 것이다.

"벗이여, 그대의 고독 속으로 달아나라! 차가운 바람이 거칠게 불어오는 곳으로! 파리채가 되는 것은 그대의 운명이 아니다."

짧고 Message

시장(市場)의 개념이 변화하고 있다. 고도로 산업화된 자본주의 사회에서 시장은 현실 너머 3차원 가상세계(메타버스, Metaverse)에서도 만들어졌다. '로블록스'로 대표되는 메타버스에서는 일과 쇼핑 등 다양한 경제활동이 벌어지고 있다. 실제로 명품 브랜드 구찌가 로블록스에 한정판으로 내놓은 '구찌 퀸 비 디오니소스' 가방은 5.5달러로 판매가 시작돼 중고 제품의 경우 약 4,115달러까지 거래가 이루어지고 있다.

025

욕정과 순결

관능은 무엇이고 순결은 무엇인가? 영혼의 밑바닥에 욕정의 진창을 숨기고 있는 자들은, 그리고 그것을 자제하지 못하는 자들은 짐승보다 못하다. 욕정과 관능. 그것은 숨기거나 죽여야 할 것은 아니다. 다만, 짐승으로서 완전하려면 짐승의 순결함, 짐승의 순진무구함을 지녀야 한다. 물론, 순결이 모든 이의 덕목은 아닐 것이다. 그렇다면 차라리 순결을 지키기 어려운 자는 순결에 매달리지 않는 편이 낫다. 마음속 욕정을 몰아내려다 오히려 암퇘지떼에 섞여버릴 수도 있기 때문이다. 때때로 근본부터 순결한 자들도 있다. 그들은 애써 순결을 맹세하지 않는다. 그저 순결이 그들 곁으로 다가갈 뿐이다.

"인식하는 자가 진리의 물속으로 뛰어들기를 꺼리는
것은, 그 물이 더러울 때가 아니라 얕을 때이다."

 짧고 Message

사람들은 왜 소셜 네트워크에서 하릴없이 남의 강아지와 아기들 이미지를
즐길까? 우리가 갖지 못한 완전무결한 순수함, 혹은 맹세하지 않아도
도달한 순수한 아름다움 때문일 것이다.

026

벗은 적이다

벗은 거울에 비친 그대 자신의 모습이다. 은둔자에게는
언제나 한 사람의 벗이 있다. 마음속 깊은 곳 아득한 심연을
지닌 은둔자에게 벗은 동경이자 다다르고 싶은 우리
자신이다. 또한 깊은 심연에 가라앉지 않게 도와줄 코르크
마개 같은 존재다. 그러니 감히 우정을 청할 수 없다면
적으로라도 삼아야 한다. 깊이 침범해 다가가려 해야 한다.
벗에게서 최강의 적을 찾아야 한다. 그리고 그대는 벗을 위해
초인을 그리워하는 동경이어야 한다. 그대의 벗은 그대의
단단한 눈과 영원의 눈길을 사랑할 것이다.

"그대는 그대의 벗이 어떤 모습을 하고 있는지 알아보기
위해 벗의 잠든 모습을 본 적이 있는가? 벗의 얼굴은
도대체 무엇인가? 그것은 거칠고 고르지 못한 거울에
비친 그대 자신의 얼굴이다."

짧고 Message

호메로스의 <일리아스>에는 적에서 벗이 된 이야기가 있다.
아킬레우스에게 아들 헥토르를 잃은 트로이의 왕 프리아모스가 아들의
시신을 돌려받길 원하고, 아비의 마음을 이해한 아킬레우스는 시신을
내어주고 함께 흐느껴 운다. 존경할 만한 적은 벗이 될 수도 있다.

가치의 상대성

차라투스트라는 많은 나라의 민족들을 보고 그들만의
선과 악, 그것을 평가하는 가치를 보았다. 저마다 각기 다른
가치의 표지판을 내거는 것은 그 민족들이 지닌 힘의 의지를
나타내는 목소리다. 그러나 천 개의 목표와 민족은 있지만
천 개의 목에 채울 족쇄, 단 하나의 목표는 아직 발견하지
못했다. 인류에게 아직 단 하나의 목표가 없다면, 그것은 인류
자체도 아직 없다는 뜻이다.

"가치의 변화-그것은 가치를 창조하는 자의 변화를
말한다. 창조하는 자가 되려는 자는 언제나 파괴한다."

짤고 **Message**

민족과 국가의 이데올로기는 언제나 상대적이다. 세계의 경제 패권을 두고
힘겨루기를 하고 있는 중국과 미국의 무역전쟁이 그렇다. 덕분에 새우등
터지는 나라 여럿이다.

이웃을 사랑하지 마라

이웃이란 나약한 그대의 도피이자 자신에 대한 기만이다.
이웃을 사랑하느니 차라리 가장 멀리 있는 자, 미래에 올
사람을 사랑하라. 사람들이 이웃을 사랑하려 하는 것은
자신을 잃고 싶어서다. 고독을 감옥으로 여기는 자들은 이웃,
이웃에 대한 사랑 속에 숨어 자신을 증명하고 거짓을 행한다.
이웃을 사랑하는 대신 벗을 가져야 한다. 벗은 대지의 축제,
다가올 초인에 대한 예감일 것이다. 창조적인 벗의 내부에
있는 초인을 사랑해야 한다.

"미래가, 그리고 가장 멀리 떨어져 있는 것이 오늘
그대의 존재 이유가 되기를. 그대는 벗의 내부에 있는
초인을 그대의 존재 이유로서 사랑해야 한다."

 짤고 Message

우리 사회의 멀리 있는 자, 벗은 누구일까? 이주노동자, 결혼이민자,
성소수자, 장애인…, 다르다는 이유로 멀리 존재하는 벗들이다.

창조하는 자의 고독

그대는 고독하게 자신에게 이르는 길을 갈 수 있는가? 세상을 지배하는 굴레로부터 벗어나 스스로의 힘으로 돌아가는 수레바퀴인가? 자신의 율법을 내걸고 스스로의 재판관이자 응징자가 되어 홀로 빛날 수 있는 별인가? 그 길 위에 선 그대는 분명 얼음 같은 고독 속으로 던져진 느낌일 것이다. 외로워지고 두려워질 것이다. 그리고 그대를 경멸하는 군중들에게조차 공정하고자 고통스러울 것이다. 군중들은 그대를 질투할 것이고, 부당하게 심판하려 할 것이다. 그들 중 일부는 선한 얼굴로 그대를 십자가에 매달려 할 수도 있다. 화형의 장작더미에 올리려 할 수도 있다.

그러나 그 모든 순간, 그대가 마주칠 최악의 적은 언제나 그대 자신이 될 것이다. 그대는 스스로의 불꽃으로 자신을 불태워 재가 되어야 한다. 그래야 거듭날 수 있다. 그것이 창조하는 자의 길이다. 사랑하는 자의 길이다. 사랑하는 자만이 자신을 경멸해 새로이 창조할 수 있다.

"형제여, 나의 눈물과 함께 그대의 고독 속으로
들어가라. 자신을 뛰어넘어 창조하려 하고, 그리하여
파멸하는 자를 나는 사랑한다."

짧고 Message

역사 이래 수많은 예술가들은 창작과 예술을 위해 시대와 불화하고 괴짜가
되었다. 그러나 앤디 워홀 이후 '예술은 비즈니스'가 되었고, 이제 우리 시대
예술가들은 자신의 작품을 팔기 위해 기꺼이 세무서에 '사업자 등록'을
하는 시대가 되었다.

030

여자라는 존재

해 질 무렵, 차라투스트라는 거리에서 한 노파 여인을 만난다.
노파와 차라투스트라가 '여자'에 대해 대화한다.
차라투스트라가 생각하기에 "여자는 모든 것이 수수께끼다.
그러나 그녀들은 하나의 해결책을 갖고 있으니, 바로
임신이다. 여자들은 남자 안에 숨은 아이 같은 마음을 찾아내
사랑하려 해야 한다. 완전한 사랑으로 남성에 순종하고,
순종을 통해 자신의 깊이를 발견해야 한다. 여자는 사랑에
용감하고, 증오 또한 강하다. 여자의 명예는 오직 사랑에
깃들여 있다."
나이 많은 노파는 차라투스트라가 여자에 대해 아는 게 거의
없지만 그 말만은 옳다고 맞장구친다.

"진정한 남자의 내부에는 놀이를 좋아하는 어린아이가
숨어 있다. 그러니 여자들이여, 남자 안에 숨어 있는
아이를 찾아라!
여자는 아직 존재하지 않는 세계의 덕으로 반짝이는
보석처럼 순수하고 우아한 장난감이어야 한다.
한 줄기 별빛이 그대의 사랑 속에서 반짝이기를!
그대들의 소망이 '나는 초인을 낳고 싶다!' 이기를!"

짧고 Message

니체는 19세기 여성해방운동이 양성(兩性)의 고유한 성적 차이를
배제한 인위적 동일화를 추구한다고 비판했다. 그리하여 당대
여성해방론자들로부터 남근 중심의 사고라는 비판을 받았지만 3세대
페미니즘에 이르러서는 여성성을 파괴하지 않는 성 평등이라는 재평가를
받기도 했다.

031

차라리 복수하라

더운 어느 날, 무화과나무 아래서 잠들었던 차라투스트라가
독사에 물린다. 차라투스트라임을 알아본 독사가 도망치려
하자 그는 오히려 감사의 인사를 전하며 부유하지
못한 독사에게 제 독을 도로 가져가라 이른다. 독사는
차라투스트라의 목에 난 상처를 핥아 제 독을 되찾아간다.
훗날 이 일화를 들은 차라투스트라의 제자들은 이야기에
담긴 교훈을 묻는다. 차라투스트라의 대답은 결연하다.
그대들에게 적이 있다면 악을 선으로 갚지 말라. 차라리
화내고 저주하라. 커다란 불의에는 작은 여러 개의 불의로
대처하라. 복수는 인간적이며, 철저하게 정의롭지 못하다면
냉혹한 가짜 정의, 반쪽짜리 정의에 대해 분노하고 복수하라.
그리고 세상의 은둔자들에게 불의를 범하지 않도록
조심하라. 깊은 샘물 같은 은둔자에게 불의의 돌을 던져
모독하지 마라.

"나는 그대들의 냉혹한 정의를 좋아하지 않는다. 그대 재판관의 눈길에는 언제나 형리(刑吏)의 차가운 칼이 번득인다.

말하라, 눈멀지 않고 똑바로 응시하는 사랑인 정의는 어디에 있는가?

그러므로 모든 형벌뿐만 아니라 모든 죄까지도 감당하는 사랑을 만들어내라!

그러므로 재판관을 제외한 모든 사람에게 무죄를 선고하는 정의를 만들어내라!"

🪶 짧고 **Message**

<정의란 무엇인가>의 저자 마이클 샌델 교수가 최근 <공정하다는 착각>이란 책을 썼다. '능력주의'의 신화 뒤에 가려진 '기울어진 운동장'을 직시하라고 조언한다.

032

결혼이라는 착각

결혼이란 무엇인가? 결혼이란 '창조한 자들보다 더 나은 사람 하나를 창조하려는 두 사람의 의지'다. 이런 의지를 실천하려는 상대에 대한 외경심이 결혼이다. 시중의 어중이떠중이들이 두 영혼의 궁핍을 덮기 위해, 두 영혼의 더러움을 가리기 위해 하는 것이 결혼이라면, 그들은 짐승이다. 그런 결혼을 축복하는 신이 있다면 차라리 멀리 떨어져 있고 싶다.

잠시 잠깐의 어리석은 행위를 사랑이라 믿고, 그 사랑의 종결점이 결혼이라는 착각은 틀렸다. 대개의 남자와 여자는 서로의 정체에 대한 막연한 추측만으로 고통에 찬 열기에 기꺼이 뛰어든다.

그대여, 자신을 넘어서는 사랑을 하라. 그에 앞서 사랑하는 법을 배우도록 하라. 사랑은 초인에 대한 동경을 불러일으키고, 그대 창조하는 자를 목마르게 할 것이다.

"창조하는 자의 목마름, 초인을 향한 화살과 동경.
말하라, 나의 형제여, 이것이 결혼에 대한 그대의
의지인가?
나는 이런 의지와 이런 결혼을 신성하다고 말한다."

 짧고 Message

2021년 5월 여성가족부가 발표한 '제4차 가족 실태조사' 결과에 따르면,
우리나라 20대의 53%가 비혼(非婚)에 동의한다고 응답했다. 자녀를 낳지
않아도 된다는 응답자도 52.2%로 나타났고, 동거는 하겠지만 혼인은
하지 않겠다는 응답도 46.6%로 조사됐다. 경제적 위기, 불확실한 미래가
어리석은 사랑을 압도하고 있다.

033

자유로운 죽음

죽음이란 무엇인가? 때에 맞게 살아보지 못한 인간에게
알맞은 때의 죽음이란 없다. 죽음이란 축제다. 삶을 완성하는
승리다. 그래서 인간은 죽는 법을 배워야 한다. 최선의 죽음은
희망을 가진 자와 맹세하는 자들에 둘러싸인 죽음이다.
차선의 죽음은 투쟁 속에서 위대한 영혼을 마음껏 낭비하고
맞이하는 죽음이다.
나의 죽음은 '내가 원하기 때문에' 나를 찾아오는 자유로운
죽음이다. 그러나 죽음은 투쟁하는 자나 승리하는 자
모두에게 도둑처럼 살금살금 다가온다. 알맞은 때에 죽기란
이토록 어려운 일이다.

"나는 산 자에게 가시와 굳은 맹세가 되는 죽음, 삶을
완성시키는 죽음을 그대들에게 보여주려 한다.
자기를 완성하는 자는 희망에 차 맹세하는 자들에
둘러싸여 승리에 찬 죽음을 맞는다.
그러므로 인간은 죽는 법을 배워야 한다."

짤고 Message

한국인의 평균수명은 83.3세(2019년)다. 조선 시대(1392~1910년) 임금
27명의 평균수명은 42.3세였다. 어림잡아도 백 년 사이 두 배나 오래 살게
되었다. 과연 승리이고 때에 맞는 수명일까? 과학과 의학의 발달로 인류의
수명은 길어졌지만, 오히려 존엄한 죽음은 더욱 어려운 시절이 되었다.

예수의 젊은 죽음

죽음에 관해, 종교는 지상의 모든 것을 참고 견디라고
설교한다. 그 옛날, 히브리인 예수는 너무 일찍 죽었다. 그리고
그의 때 이른 죽음은 많은 사람의 불운이 되었다. 예수가
황야에 머물며 착하고 의로운 자들에게서 멀리 떨어져
있었다면 그의 죽음은 그토록 빨리 오지 않았을 것이다.
그랬더라면 예수는 사는 법을 배우고 대지를 사랑하는 법을
배우고 웃음을 배웠을 것이다.

그러나 그는 너무 일찍 죽었다. 그는 채 성숙하지 못한 채
죽음을 맞았다. 젊은 예수의 사랑은 미숙했고, 인간과 대지에
대한 증오도 미숙했다. 그의 마음과 정신의 날개는 아직도
묶인 채 무거웠다.

"죽음 앞에서 그대들의 정신과 덕은 대지를 에워싼
저녁놀처럼 활활 타올라야 한다. 그렇지 않으면
그대들의 죽음은 실패다."

짧고 Message

예수의 순교일은 탄생일에 비해 비교적 정확히 성서에 기록되어 있다.
AD 28년 3월 23일이다. 이때 예수의 나이 약 33세였다고 추정한다. 당시
유대인들의 평균수명이 40세 정도였으니 과하게 이른 죽음은 아니었다.
그러나 니체는 예수가 자신의 가르침을 철회할 만큼 좀 더 오래 살았더라면
더 고귀한, 자유로운 죽음이었을 것이라 말한다.

035

베푸는 덕과 병든 이기심

차라투스트라가 '얼룩소'라는 도시를 떠나려 할 때, 그의
제자를 자처하는 많은 이들이 이별의 정표로 선물을
건넨다. 그것은 손잡이에 태양을 감싸고 있는 뱀이 그려진
지팡이였다. 차라투스트라가 흡족한 마음으로 제자들에게
황금의 덕, 베푸는 덕과 그 반대편에 있는 병든 이기심에 대해
이야기한다.

최고의 덕은 황금처럼 빛나면서도 부드러운 '베푸는 덕'이다.
베푸는 사랑은 모든 가치의 강탈자가 되어야 하는데 이런
이기심은 온전하며 성스러운 것이다. 반면 또 다른 이기심도
있다. 그것은 병든 이기심으로, 빛나는 모든 것을 도둑의
눈으로 바라보는 탐욕이다. 베푸는 영혼이 없는 곳에선
탐욕의 퇴화가 일어나기 마련이다.

베푸는 덕은 더 높은 곳, 더 나은 단계로 넘어가려는 힘이고,
퇴화는 혐오를 불러일으키는 마음이다. 그대들은 '하나의
의지'를 원하는 자가 되어야 한다. 거기에 그대들의 덕의
근원이 있다.

"최고의 덕은 진귀하면서도 일상적이지 않다.
반짝이면서도 그 빛이 부드럽다. 베푸는 덕이 최고의
덕이다."

짧고 Message

현대의 '베푸는 덕'은 관대함이다. 프랑스인들은 16세기 신교-구교 간
종교갈등과 대혁명을 통해 똘레랑스(Tolerance, 관용)라는 개념을 갖게
되었다. 똘레랑스란 '다름'을 인정하고 차별, 억압, 배제하지 않는 태도를
말한다.

대지의 덕

형제들이여, 그대들은 덕의 힘으로 대지에 충실해야 한다.
대지는 몸과 삶이 있는 곳이다. 지금까지 덕과 정신은 수백
번 헛되이 날아올랐다가 떨어지곤 했다. 끈질긴 시도가 낳은
무지와 오류는 우리의 몸이 되었다. 그러니 이제 그대들의
정신과 덕으로 하여금 대지의 뜻에 종사케 하라.
새로운 가치는 새롭게 창조하는 그대들에 의해 투쟁으로
쓰여질 것이다. 아직 세상엔 발길이 닿지 않은 천 개의
오솔길, 삶의 섬, 인간의 대지가 있다. 깨어나 귀 기울이는
자만이 대지의 치유, 새로운 희망을 만날 것이다.

"헛되이 사라진 덕을 나처럼 다시 대지로 데려오라.
그렇다. 몸과 삶 속으로 다시 데려오라. 그리하여 이
덕이 대지에 의미를, 인간적인 의미를 부여하도록 하라!"

짧고 Message

니체의 '대지'는 여전히 유효한가? 메타버스(Metaverse) 세상에서 가상의
존재, 가상의 공간, 가상의 세계가 확장되는 현재, 몸과 삶의 토대로서
대지는 다른 이름을 얻어야 할 듯하다.

037

위대한 정오

이제 차라투스트라는 제자들과 헤어져 홀로 길을 떠나려
한다. 차라투스트라는 마지막으로 제자들에게 '위대한
정오'에 대해 이야기한다.

인식하는 인간은 적을 사랑할 뿐 아니라 벗을 미워할 줄
알아야 한다. 학생으로 머물러 있지 말고 내게 대항해
나로부터 월계관을 빼앗으라. 신앙이란 보잘 것 없는 것이다.
나를 버리고 그대들 자신을 찾아야 한다. 나를 부정하라.
그래야 내가 다시 그대들에게 돌아온다. 그러면 나는
그대들과 함께 위대한 정오를 축복할 수 있다. 위대란 정오란
짐승과 초인 사이의 정중앙, 최고의 희망, 축복의 때이다.
새로운 아침을 향하기 때문이다. 몰락하는 자만이 저 너머로
건너갈 수 있다.

"모든 신들은 죽었다. 이제 우리는 초인이 등장하기를 바란다. 이것이 언젠가 도래할 위대한 정오에 우리의 마지막 의지가 되기를!

차라투스트라는 이렇게 말했다."

짧고 Message

청출어람 청어람(靑出於藍 靑於藍). 중국 전국시대의 사상가로서 성악설(性惡說)을 창시한 순자(荀子)의 <순자> '권학편(勸學篇)'에 나오는 말이다. '푸른색은 쪽(藍)에서 나왔지만, 쪽빛보다 더 푸르다'는 뜻이다. 니체 식으로 풀이하면 차라투스트라를 극복하고 초인(위버멘쉬)이 되어야 한다는 뜻이다.

2부

차라투스트라는
이렇게 말했다

. . .

모든 이를 위한,
그리고 그 누구의 것도 아닌 책

038

또 한 번의 하산

제자들을 떠나 산속 동굴에 칩거한 차라투스트라는
오랜 시간 고독 속에 머물렀다. 어느 날, 그는 꿈을 꾼다.
꿈속에선 거울을 가진 아이가 등장한다. 그 거울에 비친
차라투스트라의 모습은 잔뜩 찌푸린 얼굴과 조롱하는 웃음을
띠고 있었다.
차라투스트라는 다시 때가 왔음을 알아차린다. 잃어버린
벗들을 찾아 산을 내려와 바다로 향할 때. 깊은 고독과 침묵은
차라투스트라에게 바다로 흘러갈 사랑의 물결이 넘쳐흐르게
했다. 차라투스트라는 벗들과 함께, 적들과 함께 더없는 행복,
폭풍우 같은 자유, 드센 지혜를 전하기로 한다.

"나의 온몸은 입이 되었고 높은 바위에서 떨어지는 폭포 소리가 되었다. 나는 내가 하는 말을 저 골짜기 아래로 떨어뜨리고 싶다.

그리하여 내 사랑의 커다란 물길이 길도 없는 곳으로 떨어져도 좋다. 그 큰 물길이 결국엔 바다에 이르는 길을 찾게 될 테니까!"

짧고 Message

최근 우리 정치사에도 여러 번의 하산을 보여준 인물이 있다. 출마와 사퇴를 번복하는 정치인, 선거마다 야당과 여당을 가리지 않고 킹메이커가 되길 자처하는 정치인. 그때마다 하산의 명분을 밝히지만 반복되는 등장과 후퇴는 유권자들의 피로감만을 불러일으켰다.

039

망치의 철학

일찍이 사람들은 아득한 바다를 바라보며 그것을 '신'이라
불렀다. 그러나 이제 그것을 '초인'이라 부르라. 신이란 하나의
억측에 불과하다. 창조하는 인간, 진리에의 의지를 지닌 인간,
인식하는 자들은 신을 창조할 순 없지만 초인을 창조할 순
있다. 신은 그저 허상에 불과하다. 하나인 것, 완전무결한 것,
변하지 않고 충만한 것은 신이 아니라 오직 무상한 비유일
뿐이다.

창조하는 자들은 수많은 고통스런 죽음과 변신을 딛고 그
자신이 산부(産婦)가 되어 새로운 아이를 창조해야 한다.
타오르는 의지로 돌을 내리치는 망치가 되어 돌 속에 갇힌
하나의 형상, 초인의 형상을 완성해야 한다.

"더 이상 의욕하지 않고, 더 이상 평가하지 않고, 더 이상 창조하지 않는 것! 아, 이 커다란 권태가 언제나 나로부터 멀리 떨어져 있기를!"

짧고 Message

니체는 '망치의 철학자'라는 비유로 불린다. 망치로 모든 것을 때려 부수듯 기존의 가치를 전복하는 철학자라는 비유다.

어리석은 동정

인간의 역사는 수치의 역사다. 그리하여 고귀한 자들은
타인을 배려해 수치심을 갖지 않도록 하라고 배웠다. 그러나
나는 동정을 베풀며 행복을 느끼는 자들을 좋아하지 않는다.
자비와 배려란 이름으로 타인에게 동정을 베풀려거든 차라리
멀리 떨어져 행하라. 또한 타인의 친절을 받을 땐 냉담하게
받도록 하라. 그대 주위에 고통받는 벗이 있다면, 그대는
딱딱한 야전 침대 같은 휴식처가 되어야 한다. 그리고 벗이
그대에게 악행을 저질렀다면 그를 용서하라. 하지만 그 벗이
스스로에게 저지른 악행은 내가 용서해줄 순 없는 노릇이다.
커다란 사랑은 용서와 동정조차도 극복한다. 마음을
굳게 유지하라. 동정만큼 어리석은 일은 없다. 동정심을
뛰어넘어야 위대한 사랑을 할 수 있다. 위대한 사랑은 사랑의
대상조차도 창조하려고 하기 때문이다. 신은 인간에 대한
동정 때문에 죽었다. 그러므로 동정하지 않도록 조심하라.

" '나는 자신을 나의 사랑에 바친다. 그리고 **나와 마찬가지로 내 이웃들도** 나의 사랑에 바친다.' 모든 창조하는 자들은 이렇게 말한다.
그러나 모든 창조자들은 냉혹하다."

짤고 Message

중국 고사에 '송양지인(宋襄之仁)'이란 말이 있다. 송나라 양공의 어짊이란 뜻으로, 제 분수도 모르면서 남을 동정하는 어리석은 어짊을 일컫는다.
현대어로 바꾸면 무엇일까? 허세? 배려와 동정도 쉽지 않다.

성직자라는 이름의 죄수

성직자들은 나의 적이다. 그들은 내 취향에 거슬린다.
성직자들은 그들이 구세주라고 부르는 신의 굴레에 갇혀
거짓 가치와 미혹의 말로 사람들에게 고통을 준다. 달콤한
향기를 풍기는 그들의 동굴은 교회라는 이름으로 불린다.
그리고 그곳에서 무릎 꿇고 참회의 계단을 오르라 명령한다.
하지만 그들이야말로 자신들의 신을 십자가에 못 박았던
이들이 아닌가. 그들은 시체처럼 검은 옷에 감싸여 고약한
냄새를 풍긴다.

오직 아름다움만이 참회를 설교할 자격이 있다. 나는
성직자들의 위장된 슬픔 대신 벗은 몸을 보고 싶다. 커다란
어리석음 대신 인식의 양탄자 위를 걸어야 하리라. 참으로
자기 자신의 열정과 자유로부터 가르침이 생겨나야 한다.
형제들이여, 그대들은 구세주보다 더 위대한 자들에 의해
구제되어야 한다. 그대들 스스로 자유에 이르는 길을 찾아야
한다.

"지금껏 초인은 존재한 적이 없었다. 나는 가장 위대한 인간과 가장 초라한 인간의 벌거벗은 몸을 보았다. 그들은 아직까지 너무도 닮았다. 참으로 나는 가장 위대한 인간조차도 너무나 인간적이라는 것을 알았다!"

짧고 Message

팬데믹으로 전 세계가 곤란한 방역 시점에 굳이 대면 예배와 집회를 고집해
방역 당국의 골칫거리로 전락한 일부 종교와 성직자는 어떠한가?

도덕군자에 대하여

세상의 도덕군자들은 삶의 대가로 천국을, 오늘의 대가로
영원을 바라는 자들이다. 나는 땅을 갈아엎는 쟁기처럼 그들
영혼의 바닥을 파헤쳐보겠다.

순결해야 할 오늘날의 도덕군자들은 덕을 향하는 듯
보이지만 결국 그들이 가장 사랑하는 것은 바로 자기
자신이다. 하지만, 그대들이 덕에 대해 무엇을 안단
말인가! 대가, 복수, 형벌, 정의로운 보복 같은 것은 바보,
거짓말쟁이들이 덕에 대해 내뱉는 진부한 말일 뿐이다.

벗들이여, 덕은 우리의 행동 안에 있고, 말이 되어 나온다.
이제껏 그대들이 들었던 덕에 대한 말에 염증을 내어야 한다.
마치 장난감을 빼앗긴 아이처럼 울고 싶은 마음이 들겠지만
파도가 새로운 장난감, 새 조개들을 쏟아낼 것이다. 새로운
위안을 얻게 될 것이다.

"아, 벗들이여, 마치 아이의 내면에 어머니가 있는
것처럼 **그대들의** 행동 안에 자기(自己)가 있다는 것.
이것이 덕에 대한 **그대들의** 말이 되게 하라!"

짧고 **Message**

'내로남불'이란 말이 있다. 내가 하면 로맨스, 남이 하면 불륜이란 뜻이다.
숱하게 목격하기로는,
'내가 부동산을 하면 투자, 남이 하면 투기', '내가 하면 합법, 남이 하면
불법' 식으로 우리 사회의 이중잣대를 표현한 말이기도 하다.

천민

세상에는 구역질 나는 다양한 천민이 있다. 권력의 천민,
문필의 천민, 그리고 쾌락이나 좇는 천민들. 나는 귀먹고
눈멀고 벙어리가 된 불구자처럼 오랜 시간 이들로부터 멀리
떨어져 살고자 했다. 나의 정신은 힘겹게 계단을 올랐다.
그리하여 어떠한 천민과도 더불어 샘가에 앉지 않을 수
있도록 드높은 곳으로 날아올랐다. 가장 높은 곳, 이곳에선
어떤 천민과도 함께 기쁨의 샘물을 나눠 마시지 않는다.
벗들이여, 그대들도 나의 환희의 샘 속으로 순결한 눈길을
던져보라. 거센 바람처럼 우리는 그들의 머리 위 높은 곳에서
독수리를 벗 삼고, 눈을 벗 삼고, 태양을 벗 삼아 살고자 한다.

"진실로 차라투스트라는 모든 땅 위를 스치는 거센 바람이다. 그리고 그는 경멸하며 침을 뱉는 모든 적에게 이렇게 충고한다. '바람을 **향해** 침을 뱉지 않도록 조심하라!' "

짤고 Message

천민과 계단. 어쩐지 익숙한 풍경이다. 2019년 칸영화제 황금종려상과 오스카 작품상을 수상한 영화 <기생충>에는 현대 자본주의사회의 천민과 그들이 밟고 올라가려 하는 수많은 계단 이미지가 중첩되어 있다.

복수를 노리는 자, 타란툴라

타란툴라는 평등을 설교하는 자들, 몸을 숨긴 채 복수를
노리는 자들의 다른 이름이다. 그들은 동등하지 않은 모든
자들에게 복수하고 모욕을 준다. 그리고 평등에의 의지가
덕이라고 말한다. 하지만 나는 인간을 복수심으로부터
구제하는 것, 그것이야말로 최고의 희망으로 나아가는
다리(橋)이며 오랜 폭풍우 뒤의 무지개라고 말하겠다.
벗들이여, 자신의 정의로움을 과시하기 위해 말을 많이
하는 자, 남을 처벌하려는 충동이 강한 자들을 믿지 말라.
또한 그들이 착하고 의로운 자임을 자칭할 때 혼동하지
말라. 정의는 내게 "인간은 평등하지 않다"고 말한다. 인간은
평등해선 안 된다. 타란툴라와 내가 평등하다면 초인에 대한
나의 사랑은 무엇이란 말인가?
삶은 언제나 자신을 극복해야 한다. 행복의 아름다움을
동경하고, 그래서 높이가 필요하다. 아름다움의
내부에서조차도 투쟁과 불평등 그리고 힘과 그것을 넘어서는
힘을 쟁취하기 위한 전쟁이 들어있다.
거룩한 분투! 당당하고 아름답게 서로 적이 되자!

"선악, 빈부, 귀천 등 덕의 모든 이름. 이것들은 무기가 되어야 하며, 삶은 언제나 스스로를 거듭 극복해야 한다는 것을 알려주는 뚜렷한 표지가 되어야 한다!"

 짧고 Message

현실의 타란툴라는 큰 몸체에 80만 개의 털을 갖고 있는 거미류다. 한때는 이 거미에 물리면 타란티즘(Tarantism)이라 하는, 울며 뛰어다니다 거칠게 춤추는 질병에 걸리는 것으로 잘못 알려졌었다. 실제로는 인간에게 큰 해가 없고 반려동물로 길들일 수도 있는 거미이다.

이름 높은 현자들

군중이 공경하고 두려워하는 현자들은 군중과 군중의
미신에 봉사하는 자들이다. 그들은 진리를 섬기는 자들이
아니다. 군중의 정의심에 빌붙어 대변자로 살았다. 군중을
조종하려는 권력자들에겐 한 마리 귀여운 나귀가 되어
복종했다. 하지만 나는 그대들의 가면을 벗겨버리겠다.
그대들은 신(神) 없는 사막으로 가서 자신의 숭배하려는
의지를 파괴해야 한다. 그래야 진실되다. 노예의 행복에서
해방되고 신들과 숭배함으로부터 구제되며, 두려워하지
않으면서 다른 사람을 두렵게 하고, 위대하면서도
고독해지는 것. 그것이 진실된 자이다. 그렇지 못하다면 이름
높은 현자는 그저 마구에 묶인 자, 하인에 불과하다.
이름 높은 현자들이여, 그대 군중의 하인들이여! 그대들은
군중의 정신과 덕과 더불어 함께 성장했지만, 아직 군중에
불과하다. 정신은 자기 스스로 삶 속으로 파고들어 가고자
하는 삶이다. 그대들은 정신의 경악에서 오는 행복을
경험하지 못했다. 그대들은 그저 미적지근한 자들이다.
망치의 잔인성을 알지 못한다.

"노예의 행복에서 해방되고, 신들과 신에 대한 숭배에서 벗어나며, 두려워하지 않으면서 다른 사람을 두렵게 하고, 위대하면서 고독해지는 것. 그것이 진실된 자의 의지이다."

짧고 Message

현대사회의 군중이 맹신하는 미신은 '가짜뉴스'다. 뉴스 형태로 제작되어 인터넷과 소셜미디어를 통해 전파되며 대중을 현혹한다.

046

밤의 노래

밤이 왔다. 샘물은 솟아오르고 사랑의 노래가 깨어난다.
그러나 나는 빛으로 둘러싸인 존재이고, 그것이 나의
고독이다. 그대들에게 빛의 선물을 주고 싶지만 나는 받는
자의 행복을 알지 못한다. 나는 그저 베푸는 자이며, 그래서
포만감 속에서 극심한 굶주림을 느낀다. 내가 베푸는 것과
그대들이 받는 것 사이에는 좁은 틈새가 있다. 이 틈새에
다리를 놓기란 여간 어려운 일이 아니다.

나의 아름다움으로부터 굶주림이 자란다. 나는 나로부터
받는 그대들에게 고통을 주고 싶고 빼앗고 싶다는 악의에
차 있다. 베풂에서 오는 나의 행복은 베풂으로써 죽었다.
아, 베푸는 자의 고독이여! 이것이 빛을 발하는 것에 대한
빛의 적개심이다. 태양이 폭풍처럼 제 궤도를 따라 운행하듯
빛을 발하는 자에 대해서는 불공평하고 냉혹하기 그지없는
세상이다.

밤이 왔다. 내게서 말하고자 하는 열망이 샘물처럼
솟아오른다. 내 영혼의 노래가 깨어난다.

"밤이 왔다. 솟아오르는 모든 샘물은 이제 더욱 소리 높여 말한다. 나의 영혼 또한 솟아오르는 샘물이다. 밤이 왔다. 이제 비로소 사랑하는 자들의 모든 노래가 깨어난다. 나의 영혼 또한 사랑하는 자의 노래다."

짤고 Message

영화 <바람과 함께 사라지다>엔 유명한 대사가 있다. "내일은 내일의 태양이 뜬다." 마거릿 미첼이 쓴 소설 속 원문은 '내일은 또 다른 하루(Tomorrow is another day)'다.

047

춤의 노래

어느 저녁, 차라투스트라는 제자들과 숲속을 지나다
푸른 풀밭 위에서 춤추고 있는 소녀들을 보았다. 중력을
거스르는 소녀들의 춤은 매우 아름다웠다. 그 춤에 맞춰
차라투스트라는 삶과 지혜에 대한 노래를 부른다.

아, 삶이여! 끝 모를 심연이여. 내가 온몸으로 사랑하는
것은 오직 삶뿐이며, 내가 삶을 증오할 때 참으로 삶을 가장
사랑한다! 그러나 내가 지혜에 다정한 이유는, 지혜가 나에게
삶을 통절하게 깨우쳐주기 때문이다. 지혜는 심술궂고
거짓말쟁이고 다만 여자일 뿐이다. 그리고 지혜가 자기
자신에 대해 나쁘게 말할 때 가장 유혹적이다. 그 모습은
삶과도 닮아있다.

이윽고 소녀들의 춤이 끝났다. 차라투스트라는 마음이
슬퍼졌다. 숲에는 해가 졌고, 저녁이 되었다.

"지혜는 눈과 웃음, 작은 황금 낚싯대도 가지고 있다.
삶과 지혜, 이 둘이 이렇게도 닮은 것을 어찌하겠는가?"

짤고 Message

서양의 대표적인 춤인 발레에는 중력을 극복하려는 수직상승의 의지가
담겨 있다. 몸을 공간에 크고 길게 펼쳐 전시한다. 19세기 초반 정돈된
낭만주의 발레의 영향으로, 몸과 대지의 한계를 넘어서려는 욕망이 반영된
결과다.

무덤의 노래

저곳에 무덤들의 섬이 있다. 그리고 그곳에 내 청춘의 무덤도
있다. 내 젊은 시절의 환영과 형상들이 묻혀 있다. 어찌하여
그대들은 그토록 일찍 죽었는가! 나는 오늘 죽은 친구들을
생각하듯 그대들을 회상한다. 나를 죽이려는 악의가
그대들을 향해 활을 쏘았다. 내 심장을 꿰뚫기 위해. 그리고
적중했다. 그대들은 내가 가진 가장 섬세한 것이었다. 그러나
나의 적들에 의해 다시는 되찾을 수 없는 것이 되었다. 일찍이
내 젊은 시절의 지혜는 모든 역겨운 것들을 뿌리친, 더없이
행복한 길이었다. 그러나 내가 승리에 찬 극복을 자축했을
때, 나의 적들은 내 덕에 상처를 입히고 내 가장 신성한 것을
질식시켰다.
이제 나는 지금까지와는 다른 방식으로 춤추고자 한다.
나는 이 고통과 상처를 딛고 무덤들로부터 다시 살아나고자
한다. 내게는 '의지'가 있다. 나의 오랜 의지는 내 발로 굳세게
걸어갈 것이다. 무덤을 뚫고 나아갈 것이다. 무덤이 있는
곳에서만 부활이 있는 법이다.

"그렇다. 내 안에는 상처입힐 수 없고 묻어버릴 수 없는, 바위라도 뚫고 나올 수 있는 그 무엇이 존재하니, **나의 의지**가 바로 그것이다. 나의 의지는 말없이, 변함없이 세월을 뚫고 걸어간다."

짤고 Message

러시아 감독 비탈리 카네브스키가 연출한 <얼지마, 죽지마, 부활할 거야>라는 영화는 탄광촌에서 성장하는 한 소년의 불우한 개인사를 바탕으로 억압적인 스탈린 체제의 비극을 묘사해 1990년 칸 국제영화제 황금카메라상을 수상했다. 제목만으로도 개인의 의지와 사회의 불화를 모두 담아낸 작품이다.

049

자기 극복

나는 모든 존재자들을 사유하게 만들려는 의지, 그것을
'진리에의 의지'라고 부른다. 이 의지는 '힘의 의지'다.
그대들의 의지 전체이다. 최고의 현자들은 의지와 가치를
생성이라는 강물에 띄운다. 강물은 그대들의 나룻배를
떠내려 보내려고 하지만 샘솟는 힘의 의지는 위험스레
맞선다.

생명 넘치는 것들은 순종한다. 생명 넘치는 것들은 자신에게
순종하지 않는 자에게 명령을 내린다. 이것이 생명의
본성이다. 명령하기란 순종하기보다 어렵다. 명령하는 자는
순종하는 자의 짐을 지게 되고, 모든 명령에는 목숨을 건
시도와 모험이 따르기 마련이다. 생명 넘치는 것은 자신에게
명령할 때조차 그 대가를 치른다. 자신의 율법에 대한
재판관이 되고, 복수하는 자, 희생물이 된다.

가장 큰 자는 모험을 감행하고 위험을 무릅쓰며 목숨을 건
희생을 한다.

"나는 살아있는 것들을 발견할 때마다 힘의 의지(권력
의지)를 발견했다. 그리고 노예의 의지에서도 주인이
되려는 의지를 발견했다."

짧고 Message

사전적 의미의 극복(克復)이란 '원래의 태도로 되돌아감'을 뜻한다.
니체의 극복은 되돌아가는 것에 그치지 않고 모험과 명령을 통해 나아가는
것을 의미한다. 그것이 삶에 대한 주인의 태도, 힘의 의지를 지닌 인간의
태도라고 설명한다.

050

힘의 의지

삶이 감춘 비밀은 분명하다. 언제나 자기 자신을 극복해야 한다는 것이다. 이것이 생식에의 의지, 목적에의 충동, 권력에의 의지이다. 하지만 내가 그것을 극복해 무엇을 창조하든, 나는 곧 내가 창조한 것과 내 사랑의 적이 되어야 한다. 내 의지가 그것을 원하기 때문이다.

인식하는 자여, 삶이 있는 곳에 의지 또한 있다. 나는 그대에게 삶의 의지가 아니라 힘의 의지를 가르친다. 살아있는 자에게 삶보다 더 높은 것은 힘의 의지다. 그리고 최고의 현자들에게도 가르침을 주겠다. 세상에 불변하는 선과 악이란 존재하지 않는다. 선과 악은 언제나 자기 자신으로부터 다시 극복되어야 한다. 그리하여 알과 껍질이 부서져야 한다.

선과 악에 대한 창조자가 되려면 먼저 파괴자가 되어 기존의 가치들을 파괴할 수 있어야 한다. 그것이 최고의 선, 창조적인 선이다.

"우리들의 진리 앞에서 파괴할 수 있는 모든 것은
파괴하자! 아직도 세워야 할 집이 많지 않은가!"

 짤고 Message

우리 주변에도 창조적 파괴자가 있다. 글로벌 온라인 유통 기업 아마존의
창업주 제프 베이조스다. 그의 경영원칙은 '순서 파괴'였다. 계획을 세워
제품을 만드는 대신, 고객이 누릴 효용을 먼저 설계한 후 제품을 만든다는
철학이다. 아마존은 미국 내 시가총액 3위의 기업으로 성장했다.

051

아름다운 영웅

저기, 고매한 자가 있다. 그는 짐짓 엄숙한 참회자처럼
보이지만 실상은 사냥으로 포획한 추한 진리를 주렁주렁
달고 있는 자이다. 그는 사나운 짐승들과 싸우다 돌아온
자이지만, 그의 내면엔 아직 극복되지 않은 한 마리 사나운
짐승이 살고 있다. 그가 자신의 그림자를 뛰어넘어 햇볕
아래서 쉴 수 있다면 좋으련만. 하지만 그는 여전히 어두운
표정으로 그늘을 가리키고 있을 뿐이다.

그가 자신의 영웅적 의지를 잊고, 고매한 자를 넘어선
고양된 자이기를 바란다. 그가 괴물을 정복하고 수수께끼를
풀었듯, 자신의 괴물과 수수께끼도 구제해 천사의 눈빛을
띠고 아름다움 속으로 침잠하기를 바란다. 그럴 수만 있다면
얼마나 우아할까.

조여진 근육을 풀고 힘을 뺀 채 자기 자신을 마지막 전투의
대상으로 삼아 극복할 수 있다면 더없이 아름다울 것이다.
비로소 영웅을 넘어선 영웅이 될 수 있을 것이다.

"그가 자기 자신으로부터 등을 돌릴 때, 비로소 자신의 그림자를 뛰어넘게 되리라. 그리하여 진실로 **자신의** 태양 속으로 뛰어들게 되리라."

 짧고 Message

스위스의 의사이자 정신분석가였던 칼 융은 '그림자 원형'이라는 개념을 설명했다. '의식적인 자아가 스스로 인식하지 못하는 성격의 무의식적인 면'이 우리 모두 갖고 있는 그림자였다. 융은 그림자가 창조의 기반임을 설명하며, 직시할 수 있어야 변화, 창조할 수 있다고 말한다.

052

교양의 나라

너무 멀리 미래로 날아갔던 나는 몸을 돌려 고향으로,
현대인들에게로, 교양의 나라로 돌아왔다. 내 마음속은
선의로 가득 차 있었지만 내가 이곳에서 발견한 것은
알아볼 수 없을 정도로 알록달록한 염료와 아교로 덧칠해진
그대들의 모습뿐이다. 참으로 화려한 가면으로 가려진
현대인들이여! 누가 그대들을 알아볼 수 있을까.
차라리 저승의 해골을 만나는 편이 낫겠다. 그대들의
화려한 가면 속은 너무도 소란스럽구나. 저토록 알록달록한
마음으로 어찌 신앙을 가질 수 있으며, 어찌 열매 맺을 수
있을까.
나는 더 이상 내 짐에 무게를 더하고 싶지 않다. 어디에도
나의 고향은 없고, 내가 편히 쉴 곳은 없다. 나는 차라리 저
머나먼 바다에 있는 아이들의 나라를 찾아가련다.

"아, 나는 이제 나의 동경을 품고 어디로 더 올라가야
하는가? 나는 모든 산꼭대기에서 아버지와 어머니의
나라들을 내려다본다.
그러나 어디에도 고향은 없다. 나는 어떤 도시에도
머물지 못하고, 그 모든 성문에서 새롭게 출발한다."

짧고 Message

니체에게 철학적 실존적 이상향은 '어린아이'이다. 완전무결한
순수체로서의 아이가 아니라, 힘이 축적된 자, 자기 운명의 주인으로서
실존을 긍정하는 자, 현재를 사랑하는 지혜로운 존재이다.

053

예민한 위선자들

순수하고도 결벽한 성향의 인식자들이 있다. 지상의 것들을
경멸하고 스스로를 기만하는 그들은 예민한 위선자,
살금살금 밤을 거니는 고양이, 음탕한 자들이다. 마치
욕망하지 않고 관조하는 결벽한 인식자처럼 보이지만,
그들이야말로 순진무구함을 가장한 더러운 욕망꾼들이다.
그들은 태양을 낳는 달처럼 볼록한 배를 드러내지만 결코
아이를 낳지 못하리라. 나도 한때는 그들 같은 멍청이였다.
나도 한때는 순수 인식이야말로 신의 유희라고 착각했었다.
하지만 나는 그들 곁에서 나는 사악하고도 음탕한 냄새를
맡고야 말았다.

이제 달의 시간은 끝났다. 저기, 수평선 너머 태양이 차오르기
시작했다. 대지를 향한 태양의 사랑이 떠오른다. 태양이
뿜어내는 사랑의 목마름과 뜨거운 숨결이 바다를 빨아들이려
한다. 바다는 태양의 입맞춤을 받아 공기가 되고 하늘이 되고
스스로 빛이 된다. 참으로 태양과 같이 삶, 모든 깊은 바다를
사랑해야 한다.

"그대 순수한 자들이여, 그대들은 신의 가면을 쓰고
있다. 그대들의 징그러운 뱀이 그 신의 가면 속으로
기어들었다.
그대 관조하는 자들이여, 진실로 그대들은 기만하고
있다! 한때는 차라투스트라도 그대들의 거룩한 외모에
속았다. 그 안에 똬리를 틀고 있는 뱀을 알아차리지
못했다."

짧고 Message

니체의 시대에 신의 가면을 쓴 자가 있었다면, 현대엔 '부캐'라는 것이
있다. 진짜의 나 외에 세상에 보여지는 또 다른 나, '멀티 페르소나'로서의
나를 표현하는 도구다.

054

나는 여전히 학자다

내가 무너진 담장 옆에서 잠들어 있을 때, 양 한 마리가 내
머리 위 담쟁이덩굴 화관을 먹어버렸다. 이윽고 양이 말했다.
"차라투스트라는 더는 학자가 아니다."
화관을 쓰지 않았으므로 나는 학자가 아닌가? 아니다. 나는
풀숲의 아이들, 엉겅퀴와 붉은 양귀비꽃들에게 여전히
학자다.
사실, 나는 오랫동안 학자들의 식탁에 둘러앉아 있었지만 그
먼지투성이 소굴을 떠나온 자다. 그 방 안의 학자들은 차가운
그늘 속에서 관조하는 자의 자세를 하고 세상 현명한 체한다.
하지만 그들의 잠언은 얼마나 보잘것없고 악취를 풍기는가.
그들은 제법 훌륭한 시계태엽처럼 학문을 직조해 보이지만
내가 보기엔 참으로 하찮다. 그들은 내 이야기에 귀 기울이지
않는다. 오히려 그들과 나 사이에 두꺼운 방음벽을 세워놓고
귀를 막아버렸다. 그럼에도 불구하고 나는 나의 사상들과
함께 그들의 머리 위를 걸어 다닌다.

"내가 혹여 스스로의 잘못을 딛고 걸어다닌다 하더라도 나는 여전히 그들과 그들의 머리 위에 있을 것이다. 왜냐하면 인간은 평등하지 않기 때문이다. 정의가 그와 같이 말한다. 내가 원하는 바가 무엇인지 그들은 감히 알지도 못할 것이다!"

짤고 **Message**

실제로 니체는 문헌학자로서 명성을 얻어 스물네 살이었던
1869년부터 1989년까지 10년 동안 바젤대학에서 문헌학을 강의했다.
라이프치히대학은 박사학위 논문 없이도 그에게 박사학위를 수여했다.
니체가 바젤에서 강의하는 동안, 그의 그리스어 강의는 동료 교수들조차
수강할 정도로 인기였다.

055

거짓말쟁이 시인

한 제자가 차라투스트라에게 물었다. "선생님은 왜 시인들이
거짓말을 너무 많이 한다고 말씀하시나요?" 시인은
거짓말쟁이일까? 그 자신 또한 시인인 차라투스트라가
대답한다.

시인이란 보잘것없는 정신을 뒤섞어 마치 무언가 아는
것처럼 말하는 자이다. 온갖 비유와 궤변으로 구름 위를
노니는 신과 초인을 노래하는 자들이다. 그러나 과연 그
이야기를 믿을 수 있을까? 그렇지 않다. 나는 시인들에게
신물이 난다. 시인은 껍질이며 얕은 바다일 뿐이다. 충분히
깊지 않고, 순결하지도 않다. 시인은 화려한 공작새처럼
꼬리를 펼쳐 보이지만, 그게 무슨 소용이란 말인가!

"내가 보기에 그들은 중개자, 간섭자이며 어중이떠중이
불순한 자들이다!
아, 나는 그들의 바다에 나의 그물을 던져넣고 훌륭한
고기를 잡으려 했다. 그러나 내가 건져 올린 것은 언제나
낡은 신의 머리뿐이었다."

짧고 Message

니체는 시인이었다. <차라투스트라는 이렇게 말했다>를 비롯해
<디오니소스 찬가 Dionysos Dithyaramben, 1888>, <시와 격언
Gedichte und Sprüche, 1898> 등의 저작은 시인으로서의 니체를
보여주는 저작들이다.

056

커다란 사건

차라투스트라가 행복의 섬에 머물고 있을 때였다. 이 섬으로부터 멀지 않은 곳에 화산이 끝없이 연기를 내뿜는 또 하나의 섬이 있었다. 이곳에 한 척의 배가 닿고, 선원 무리가 토끼 사냥을 위해 상륙했다. 그리고 선원들은 들었다. 공중에서 한 사내가 다가오며 "때가 왔다! 때가 성숙했다!"라고 외치는 소리를. 공중의 사내는 이 말을 마치자마자 화산 속으로 날아갔다.

선원들은 분명히 보았다. 공중의 사내는 바로 차라투스트라였다. 화산의 악마가 차라투스트라를 집어삼킨 것일까? 그러나 닷새 후 차라투스트라는 다시 행복의 섬으로 돌아와 제자들 앞에 나타났다. 그리고 악마가 아닌, 불개와 나눈 대화를 들려준다.

바닷물을 퍼마시고 짜디짠 웅변, 지옥의 소음을 내뱉는 불개의 정체는 무엇인가? 불개는 경멸이라는 진흙탕 속으로 입상을 쓰러트리는 전복과 폭발의 존재다. 연기를 내뿜고 울부짖으며 연설하기 좋아하는 위선적인 존재. 그것은 교회이기도 하고 국가이기도 하다.

"그러나 나는 왕들과 교회, 그리고 노쇠하여 덕이 쇠약해진 모든 것들에게 이렇게 충고한다. 그대 자신을 전복하라! 그러면 다시 생명을 얻고 그대들에게 덕이 생겨나리라!"

 짧고 Message

니체의 '불개'는 화염과 연기로 세상을 기만하는 권력을 상징한다. 현대 우리 사회로 옮겨오면 낡은 보수, 가짜 진보, 가치를 잃어버린 수많은 권력의 다른 이름이다.

057

또 다른 불개

위선적인 (불)개와 달리, 세상에는 또 다른 종류의 불개가
있다. 이 불개는 대지의 심장으로부터 말한다. 황금의 입김과
황금의 비를 내뿜는다. 그러니 이 불개로부터는 황금과
웃음이 솟아난다. 황금으로 만들어진 대지의 심장으로부터
가져온 황금과 웃음!
감히 맞설 수 없는 또 다른 불개의 존재 앞에서 위선의 불개는
꼬리를 감추고 동굴 속으로 기어들어 갔다.

"왜 유령은 때가 왔다! 지금이 바로 그때이다! 라고 외쳤을까? 도대체 무엇을 위한 때가 성숙했다는 것인가?"

또 다른 불개는 앞장의 불개를 부끄럽게 만드는 존재다. 세상에 부끄러운 권력이 있다면, 그것을 향해 촛불을 들고 황금과 비를 내뿜는 권력도 있다.

예언자의 등장

차라투스트라가 한 예언자의 이야기를 듣게 되었다.
"모든 것은 공허하다. 모든 것은 동일하다. 모든 것은 이미
있었던 것이다!"
죽기에도 너무 지쳐 깨어 있는 채로 무덤 속에서 살아가고
있다는 예언자의 말은 차라투스트라의 심금을 울렸고,
그를 변화시켰다. 차라투스트라는 사흘 동안 먹지도
마시지도 쉬지도 않고 돌아다녔다. 그리고 마침내 깊은 잠에
빠져들었다. 제자들은 그의 회복을 걱정하며 기다렸다.

"차라투스트라가 제자들에게 말했다. 진실로 머지않아 긴 어스름이 찾아오리라. 아, 나는 나의 빛을 어떻게 구원할 수 있을까!
나의 빛이 이 슬픔에 질식하지 않기를! 나의 빛은 머나먼 세계를 비추는, 가장 먼 밤을 비추는 빛이어야 한다!"

 짤고 Message

니체가 예언한 다음 세상은 허무주의의 도래다. 공허와 동어반복, 이미 있었던 것이란 더 이상 성장하거나 새롭지 않은 현대사회의 모습이기도 하다. 학자들은 이런 세상을 '뉴노멀'이라 정의하기도 했다. 노멀, 기준이 달라진 세상에서 정상과 비정상, 행복과 불행의 기준 역시 바뀌어야 한다.

059

꿈

깊은 잠에서 깨어난 차라투스트라는 길었던 꿈 이야기를
제자들에게 들려준다. 그것은 밤과 무덤의 파수꾼이 되는
꿈이었다.

나는 산성 위 음침한 방에서 죽음의 관을 지키고 있었다.
방은 자욱한 먼지로 뒤덮여 답답했다. 나는 심하게 녹슨
열쇠로 모든 문 중에서 가장 삐걱거리는 문을 열려고 했다.
문짝이 열릴 때, 까마귀 소리 같은 음향이 들리고 이윽고 다시
사방이 고요해졌다. 그리고 세 차례 문을 두들기는 천둥 같은
소리가 났다. 나는 문 쪽으로 가 소리쳤다. 알파! 나는 열쇠를
밀어 넣고 문을 열려 했으나, 문은 꿈쩍도 하지 않았다. 그때,
사나운 바람이 불어와 문을 열어젖혔다. 바람은 나에게 검은
관 하나를 던졌다. 관은 날카로운 소리와 함께 쪼개지면서 천
겹의 요란한 웃음소리를 토해 냈다. 천 개의 찡그린 얼굴들이
나를 향해 날뛰며 조롱했다. 나는 공포에 휩싸여 큰 소리로
울부짖었다. 내 울음소리가 나를 깨웠다.

이것은 무슨 꿈인가?

"나는 모든 삶을 단념하는 꿈을 꾸었다. 나는 쓸쓸한
죽음의 산성에서 밤과 무덤을 지키는 파수꾼이 되었다."

짧고 Message

나를 깨우는 꿈이라. 그 옛날 중국의 철학자 장자(莊子)는
'물아일체(物我一體)'의 도가(道家)사상을 담은 나비꿈을 꾸었다. 내가
나비인가, 나비가 나인가? 구분할 수 없기는 하나, 그것이 세상이라는
이치를 깨우쳤다.

060

꼽추와 구제

차라투스트라가 제자들과 함께 다리를 건너던 중 일군의
불구자들을 만난다. 그중 한 꼽추가 나서 차라투스트라에게
말한다. 군중들에게 가르침을 주었듯 불구자들도 믿음으로
구제해 달라.

차라투스트라는 답한다. 꼽추, 장님, 절름발이에게는 무언가
하나씩 결핍이 있지만, 세상에는 한 가지만을 너무 많이 가진
채 다른 모든 것은 결핍된, 전도된 불구자들이 있다. 그들은
마치 인간의 파편들 같다. 온전하지 않은 존재.

내가 반드시 오고야 말 것을 예언하는 자가 아니었다면 견딜
수 없었을 것이다. 나는 예언자, 의욕하는 자, 창조하는 자,
미래 자체 그리고 미래로의 다리, 그리고 이 다리 곁에 서
있는 불구자와 같은 존재, 차라투스트라이다.

"지나가버린 것을 구제하고 그 모든 그러했다를 내가
그렇게 하려 했다로 변화시키는 것. 이것이 바로 내가
말하는 구제이다."

짧고 Message

때로 결핍은 성취를 향한 원동력이 되기도 한다. 행동주의 심리학자
스키너(B.F.Skinner)는 쥐를 이용한 실험을 통해 결핍 상태의 보상과 벌이
행동을 자극한다고 증명했다.

061

의지와 의욕

의지란 해방과 기쁨의 길을 안내하지만, 과거로 돌아가
의욕할 수 없다는 점에서 인간의 가장 외로운 슬픔이다.
그러나 의욕은 다르다. 의욕은 인간을 해방시킨다. 의지는
시간을 거꾸로 돌릴 수 없기에 강한 적대감으로 복수를
꿈꾼다. 복수는 징벌이다. 그리고 최고의 징벌은 무욕의
존재가 될 수 없는 인간의 생존이다. 그래서 의지는 더 높이
의욕하려 해야 한다. 그래야 비로소 창조하는 자가 될 수 있고
스스로를 구제할 수 있다.

"힘의 의지는 모든 화해보다도 더 높은 것을 '의욕'해야
한다."

짤고 Message

니체의 의지와 의욕은 어떻게 다를까? 의지는 세계를 구축하고 강한 힘을
발휘해 스스로를 구제한다. 의욕은 무언가를 추구한다는 점에서 의지와
비슷하지만, 오직 목적만을 향할 뿐이다.

062

대인관계의 지혜

나의 의지는 인간에게 매달려 있다. 아슬아슬 위험천만이다.
눈길은 비탈 아래로 급전직하하고 손은 산꼭대기를 향해
뻗어있는 형국이다. 나는 초인을 향해 위로 끌어올려지고
있지만 나의 또 다른 의지는 인간들에 쇠사슬로 묶여 있다.
인간은, 인간관계는 나를 세상에 붙들어 매는 닻이다. 하지만
이것이 나의 운명. 기꺼이 기운을 내본다.
나는 긍지에 찬 자들보다는 허영심 강한 자들을 아낀다.
허영심 강한 자들은 나로 하여금 인간에게 집중하게 해준다.
그들은 타인의 관심을 즐기며 남들의 칭찬을 먹고 사는
존재이기 때문이다.
또한 나는 악인들을 싫은 눈길로 바라보지 않는다.
악인에게도 무언가 경탄할 만한 구석이 있다. 사실, 인간의
악의란 소문만큼 세지 않다. 나는 그들, 허영심 강한 자들,
악인들, 그리고 선량하고 의로운 척하는 모든 이들 사이에
앉아 있다.

"나는 변장을 한 채 그대들 사이에 앉아 있고 싶다.
나조차도 그대들과 나를 분간하지 못하도록. 이것이
인간을 대하는 나의 마지막 지혜다."

짧고 Message

차라투스트라는 스스로 '존재감 제로'의 투명인간으로 인간들 속에
섞이길 바랐지만, 현대사회에서는 정반대의 '미친 존재감'이 각광 받고
있다. 영화나 드라마에서는 이런 캐릭터를 신스틸러(Scene Stealer)라고
부른다.

063

다시 고독 속으로

어느 저녁 무렵, 나의 화난 여주인이 내게 말했다. 그녀의
이름은 '가장 고요한 시간'이다. 그녀는 내게 '말하지 않음'을
질타했다. 알고 있지만 인간들에게 말하지 않은 것. 나는
사실 말하지 않음으로써 회피하려 했다. 하지만 내 여주인은
'말하고 부서져 버리라' 한다.

만인에게 가장 필요한 자는 위대한 일을 명령하는 자이다.
나는 그 일을 해야 했지만 주저했다. 나는 부끄러움을 모르는
아이가 되어야 했으나 핑계를 대며 도망쳤다. 그렇다면 이제
어떡해야 할까? 고통스럽지만 다시 이별의 시간이 왔다.
차라투스트라는 깊은 밤, 벗들과 헤어져 홀로 길을 떠났다.

"차라투스트라여, 그대의 과일은 익었으나 그대는 그 과일에 어울릴 만큼 익지 못했다!
그러므로 그대는 다시 고독 속으로 돌아가야 한다. 더 무르익어야 한다."

짤고 Message

과연, 고독은 '무르익는' 과정일까? 차라투스트라는 기꺼이 그 안으로 걸어 들어갔지만 100년 동안 가계(家系)를 이었지만 끝내 고독했던 가족도 있다. 가브리엘 가르시아 마르케스의 환상적 리얼리즘 소설 <백년 동안의 고독 Cien anos de soledad>이 그러하다.

3부

차라투스트라는 이렇게 말했다

· · ·

모든 이를 위한,
그리고 그 누구의 것도 아닌 책

마지막 고독의 여정

차라투스트라는 다시금 벗과 제자들이 함께 머물던 행복의
섬을 떠나기로 하였다. 섬의 등성이를 넘어 건너편 해변에서
배에 올라야 한다. 한밤중, 홀로 길에 선 차라투스트라는
한없이 외롭고 슬펐다. 가장 높은 곳에 오르기 위해 가장 낮은
심연으로 향하는 길은 위험하고도 혹독한 여정이 될 것이다.
하지만 이것은 아마도 차라투스트라의 마지막 방랑의 길이
될 것이다. 그 앞에는 마지막 정상이 남겨질 것이다.

"나는 지금 가장 높은 산 앞에, 가장 긴 방랑 앞에 서 있다. 그러므로 나는 앞서 내려갔던 것보다 더 깊이 내려가야만 한다.
내가 일찍이 내려갔던 것보다 더 깊은 고통 속으로, 고통의 가장 어두운 흐름에 다다를 때까지! 나의 운명이 그것을 원한다. 좋다! 준비가 되었다."

짧고 Message

정호승의 시 '낮은 곳을 향하여'에는 이런 구절이 있다. "첫눈은 가장 낮은 곳을 향하여 내린다/명동성당 높은 종탑 위에 먼저 내리지 않고/성당 입구 계단 아래 구걸의 낡은 바구니를 놓고 엎드린/걸인의 어깨 위에 먼저 내린다." 시인은 말한다. 가장 낮은 곳에서 가장 낮아진 당신을 따라야 비로소 인간이 될 수 있다고.

065

고독한 자의 환영

슬픔에 휩싸여 배에 오른 차라투스트라는 귀를 닫고 입을
닫았다. 그리고 이틀째 밤이 되자, 그는 다시 귀를 열고 배
안의 소리를 듣기 시작했다. 이제 다시 차라투스트라는
말하려 한다. 탐험자들을 태운 배 위에서 차라투스트라가
내뱉는 말은 가장 고독한 자의 환영, 그것을 보았던 때의
수수께끼이다.

"그러나 용기는, 공격하는 용기는 가장 훌륭한 파괴자이다. 이 용기는 죽음조차도 살해한다. "그것이 삶인가? 좋다! 그러면 다시 한번!"이라고 말하기 때문이다."

짧고 Message

니체가 강조하는 '다시 한번!'은 매우 중요한 은유다. 심연의 바닥에서, 고독의 끝에서, 초인의 여정에서, 차라투스트라는 자신의 의지로 "다시 한번!"이라고 외친다.

066

수수께끼

차라투스트라는 환영 속에서 난쟁이와 함께 성문 입구에
멈춰서 있다. '순간'이라고 쓰인 성문을 기준으로 앞뒤로
두 개의 오솔길이 펼쳐져 있다. 과거로부터 지나와 미래로
향하는 길의 중간, 그 순간에 차라투스트라가 서 있다. 만물은
모두 굳게 연결되어 있으니, 만물 가운데 달릴 수 있는 것들은
모두 저 바깥의 길을 달려와 앞으로 나 있는 길을 달릴 것이
분명했다.

그리고 나는 개 짖는 소리 너머 험준한 절벽 사이에 서
있었다. 그리고 거기에 어떤 인간이 누워있었다. 검은 뱀을
입에 문 채 몸을 비틀며 경련하는 그이는 젊은 양치기였다.
나는 공포에 휩싸여 양치기 입속의 뱀을 잡아당기고 또
잡아당겼으나 소용없었다. 내 안에서 그 무엇이 소리쳤다.
"물어라! 물어뜯어라!"

양치기는 뱀 대가리를 덥석 물어 저 멀리 뱉어버렸다. 그리고
벌떡 일어서 웃었다. 그는 이제 양치기도 아니고 인간도 아닌,
변화한 자, 빛에 둘러싸인 자로 웃고 있었다. 그 웃음에 대한
동경이 나를 갉아먹는다.

"대가리를 물어라! 물어뜯어라!"

 짤고 Message

독사의 대가리를 물어뜯는 용기를 내는 때가 변화의 '순간'이다.

067

잠시, 행복한 오후

항해 나흘째 날, 차라투스트라는 자신의 고통에 맞서 굳건한
두 발로 다시 운명 앞에 섰다. 그리고 그는 고요한 오후처럼
행복했다.

무릇, 창조하는 자는 길동무와 희망의 아이들을 찾아다니는
법. 그가 먼저 아이들을 창조하지 않고서는 그들을 찾을
수 없으리. 그래서 나는 자신에 대한 커다란 사랑으로 그
아이들을 잉태하기로 하였다. 내 정원에서 나무들이 자라듯,
나의 아이들은 첫봄을 맞이하여 푸르게 자라고 있다. 나는
그 나무들이, 아이들이 굳건하게 자라도록 제각각 따로 심어
바람을 맞게 할 것이다. 그 아이들이 폭풍의 시련을 견뎌낼 수
있도록 뜬눈으로 지켜볼 것이다. 그러기 위해 나는 이제 나의
행복을 거부하고 모든 불행에 나를 내맡기려 한다. 마지막
시험과 깨달음을 위해.

때가 성숙했다. 내 아이들의 먹이가 되고 아이들을 위해
나 자신을 버리고자 하는 사랑에 대한 열망이 솟아올랐다.
그리고 다시 저녁이 찾아왔다.

"내가 이것을 극복한다면, 나는 보다 큰 일도 극복할 것이다. 그러면 그 승리는 나의 완성을 보증하게 될 것이다!"

짤고 Message

니체에게 차라투스트라가 잉태해 출산할 '아이'는 인간 정신의 마지막 단계, 의지의 완성을 뜻한다. 대지의 중력을 견디는 '낙타', 자유의지의 '사자'를 거쳐 비로소 어린아이로 향한다.

068

내 머리 위 하늘

해 뜨기 전에 나는 맑고 깊은 내 머리 위 하늘을 본다. 그대는
빛의 심연. 더없이 고독한 내게로 와서 함께 자신을 넘어
자신에게로 오르는 동반자였다. 나의 의지가 한결같이 바란
것은 오로지 날아가는 것, 그대 안으로 날아가는 것뿐이다.
나는 그대를 가리는 떠도는 구름조차 증오했다.
도둑고양이처럼 끼어들어 간섭하는 구름을 저주할지어다.
그대 빛의 심연이 나를 둘러싸고 있기만 하다면, 나는
축복하는 자, "그렇다!"고 말하는 자가 된다.
이제 그대의 얼굴이 붉어지며 낮이 오고 있다. 그대, 해 뜨기
전의 나의 행복이며! 이제 우리가 헤어져야 할 때다.

"나의 모든 방랑과 산행(山行)은 어쩔 수 없는, 궁지에
몰린 자의 미봉책에 불과했다. 나의 의지는 한결같이
그대의 품속으로 **날아가기**만을 바랐다."

짧고 Message

빛의 심연으로 날아올라 "그렇다!"고 말하는 태도는 니체 철학의
'디오니소스적 긍정'을 의미한다.

069

왜소한 자

차라투스트라는 다시 뭍에 올랐다. 그는 곧바로 자신의
동굴로 향하지 않고 마을 여기저기를 둘러보았다. 그리고
발견했다. 그가 없는 사이, 인간들의 세상은 더욱 왜소해졌다.
허리를 굽혀야만 들어갈 수 있는 낮은 문처럼 모든 것은 더욱
왜소해졌다. 그렇다면 이제 인간을 왜소하게 만드는 덕에
대해 이야기할 시간이다.

소인배들에게는 왜소한 덕이 필요할 뿐이다. 왜소한 이들은
내가 그들과 다름을 인정하지 않고, 난롯가에 모여 앉아 나에
대해 이야기하지만, 그 누구도 나에 대해 생각하지 않는다.
그들은 겸손한 척하지만 마음까지 그렇진 않다. 그들은
친절을 베푸는 듯 보이지만 사실은 비겁한 마음을 숨기고
있을 뿐이다.

"호의가 있는 곳에 그만큼의 약점이 있고, 정의와 동정이
있는 곳에 그만큼의 나약함이 있다는 것을 나는 안다."

짤고 Message

왜소하다는 것은 작고 초라하다는 거다. 차라투스트라에게 마을의
보통사람들은 왜소한 존재였다. 겉으로는 짐짓 선한 자처럼 보이지만, 선한
외피에 가려진 본성은 용기를 내지 않는 안주하는 자, 비겁한 자들이다.

070

순종을 거부하는 자

왜소한 자들의 세상에는 나의 말을 들을 귀를 가진 자가
아무도 없다. 그들은 오히려 외친다. "차라투스트라는 신을
부정한다."

그렇다. 나는 신을 부정하는 차라투스트라다! 나는 순종의
교사들과 다르다. 나는 나의 의지를 펼치고 그 어떤 순종도
거부한다. 세상에 저절로 주어지는 것은 없다. 안일한 자들은
저절로 빼앗길 것이며, 더욱더 많은 것을 빼앗기게 될
것이다. 그러니 어정쩡한 의욕을 버리고 과감하게 결정하고
행해야 한다. 먼저 의욕할 수 있는 자가 되어야 한다. 이웃을
사랑하기 전에 자기 자신을 사랑해야 하고, 커다란 경멸로
사랑해야 한다.

하지만 이곳엔 나의 말을 들을 귀를 가진 자가 아무도 없구나.
그러나 곧 나의 시간이 오고 있다.

"'커다란 사랑으로 사랑하고, 커다란 경멸로 사랑하라!'
신을 부정하는 차라투스트라는 이렇게 말한다."

짧고 Message

니체가 "신은 죽었다."라고 외친 이유는 당시 유럽에서 종교가 추구하는
절대 선과 초월적 가치가 이미 붕괴되었다고 믿었기 때문이다. 인간이 오직
신에 의해서만 구제될 수 있다고 믿는 것은, 니체에게는 인간의 정신을
나약하게 만드는 변명이자 순종이었다.

071

감람산에 오르다

고약하고도 엄격한 손님, 겨울이 찾아왔다. 겨울은 세상의
소음을 덮고 창백한 빛으로 태양의 의지를 숨기는 나의
영혼이다. 나는 깊고 맑은 침묵으로 나를 숨긴다. 세상은
나를 질시하고 비방하고 나는 태양의 띠를 숨긴 겨울 산처럼
홀로 고독하다. 세상은 엄동설한에 벌벌 떠는 나를 동정하지
않는다. 그저 내 차가운 인식의 얼음이 그들까지 얼어붙게
한다고 탄식할 뿐이다. 하지만 나는 얼어붙을지언정
그네들이 따뜻하게 데운 방으로 찾아들지 않는다. 나는
감람산 양지바른 곳에 올라 노래할 뿐이다.

"모든 훌륭한 사물의 근원은 천 겹으로 되어 있다. 모든 훌륭하고 자유분방한 것들은 기쁨에 넘쳐 현존 속으로 뛰어든다. 그것들이 이러한 도약을 어떻게 단 한 번으로 그치겠는가!"

짧고 Message

감람산은 이스라엘 예루살렘 동쪽에 있는 낮은 산, 구릉이다. 올리브산이라고도 불린다. 유대교, 기독교의 신성한 땅이다. 예수가 유다에게 배반당해 팔려가기 직전 기도를 했던 겟세마네 동산이 서안에 있고, 예수가 승천한 곳으로도 알려져 있다.

072

스쳐 지나감

그의 산과 동굴로 향하는 길에 차라투스트라는 대도시의
성문 앞에 이르렀다. 이때 입에 거품을 문 바보가 다가와
길을 막았다. 그는 차라투스트라의 문장과 억양으로 지혜를
말할 줄 알아 '차라투스트라의 원숭이'라고 불리는 이다. 그가
차라투스트라에게 일장연설로 귀를 더럽힌다.
"도시는 더러운 영혼들이 내뿜는 증기로 자욱합니다. 그
영악한 자들은 손가락을 놀려 글을 쓰고, 군주의 별로 치장한
채 황금을 좇습니다. 차라투스트라여, 이 더러운 도시에 침을
뱉고 돌아가십시오!"
입에 거품을 문 바보여, 왜 그대는 내게 경고하면서 그대
자신에게는 경고하지 않는가? 그대는 마치 투덜대는 돼지
같구나. 더러운 쓰레기 더미 위에 앉아 말로써 복수하고
있구나. 슬프도다.

"더 이상 사랑할 수 없는 곳은 스쳐 지나가야만 한다!"

 짧고 Message

혐오 피라미드(Piramid of Hate)라는 게 있다. 1단계의 교묘한 차별부터
가장 높은 6단계의 제노사이드(의도적이고 시스템적으로 한 인종을
말살시키는 행위)에 이른다. 혐오는 혐오를 낳는다.

073

배신자

이 얼룩소라는 도시에서 차라투스트라는 '배신자'들을 본다.
배신자들은 한때 아침의 씩씩함을 지닌 자들이었다. 그러나
시들어 이제는 배신자가 되었다. 배신자들은 비겁자들이다.
그들은 오로지 기도할 뿐이다. 안주하고 싶은 마음으로
유일한 신에 의지해 기도하는 이들이다. '사랑하는 주여'라고
기도하며 십자가 아래 거미줄을 치는 자들이다.
그러나 고기 한 마리 없는 늪에 낚싯대를 드리운들 무엇하랴.
그들 중 일부는 밤을 일깨우는 야경꾼처럼 신을 의심하기도
하지만 이 또한 우스울 뿐이다.
낡은 신은 이미 오래전에 종말을 고했다. 분수를 잊은 질투의
신은 나 외에 다른 신을 섬기지 말라고 했지만, 신은 이미
이때 죽은 것이다.
신이 사라진 도시 얼룩소를 떠나, 차라투스트라는 다시 그의
동굴로 돌아가려 한다.

"신들은 존재하지만 유일신은 존재하지 않는다는 것,
그것이야말로 신성함이 아닌가?"

짧고 Message

유럽을 중심으로 한 서구 사회의 유일신은 '하느님'이다. 하나의 존재,
하느님은 유대교, 기독교, 이슬람교 등 다양한 종교에서 믿음의 대상이다.
신은 하나이지만 종교는 나뉘었고, 한 뿌리에서 갈라진 종교는 기원전부터
현재에 이르기까지 중동지역에서 종교전쟁을 계속하고 있다.

고독으로의 귀향

나는 외톨이였다. 사람들 가운데 있으나 언제나 버림받은
채 낯설게 존재했다. 나는 가면을 쓴 채 그들 가운데 앉아
있었다. 친절한 보살핌과 동정으로 내뱉은 거짓말이 진실일
수 있을까? 너무 많은 겉치레 속에서 나는 인간들과 섞여
사는 것이 당연하다 믿었다. 그러나 그것은 나 자신에 대한
복수. 사람들의 정신은 가난하고, 그들은 내게 공정하지
않았다.
더 이상 이런 수렁을 헤맬 수는 없다.
나는 이제 고독 속에서 나 자신으로 존재하련다. 나는 복된
고요함 속에 있다.

"아, 고독이여! 나의 **고향**인 고독이여! 거친 타향에서
너무도 오랫동안 황량하게 살았기 때문에 눈물 없이는
그대에게로 돌아갈 수 없다!"

짤고 Message

친밀한 사이에서 스스로를 의심하게 만들어 판단력을 잃게 하는 정서적
학대에 대해 현대사회는 가스라이팅(Gaslighting)이라는 이름을 붙였다.
불신, 자기방어, 억압의 단계를 거치는 이 심리지배는 일상 가까이에서
은폐된 폭력으로 자행되고 있다.

세 가지 악

나는 세계의 저편에서 세 가지 가장 나쁜 것을 저울에 달아
제대로 재어보려 한다. 그것은 육욕, 지배욕, 이기심이다. 과연
그것은 인간적인 관점에서 제대로 평가받은 적이 있었던가.
첫 번째는 육욕이다. 관능적 쾌락이란 속된 것이고 악취
풍기는 누더기인가? 돼지와 광신자에게는 그럴 수도 있겠지.
하지만 더 높은 사람들에게는 행복 중의 행복, 미래가 현재에
바치는 넘쳐흐르는 고마움이다.

두 번째는 지배욕이다. 인간은 지배욕 앞에서 뱀, 돼지보다
비굴해진다. 그러나 저 위쪽의 고귀한 자, 고독한 자에게는
탐욕이 아닌, 더 낮은 곳으로 불어오려는 베푸는 덕이기도
하다.

세 번째는 이기심이다. 강력한 영혼으로부터 샘솟는 건강한
이기심은 참으로 복된 것이다. 그것은 자기 희열적 영혼이다.
열등함과 비겁함을 물리친, 굴종과 노예의 삶에 침을 뱉는
행위이다.

"자아를 건전하고 신성하다고, 이기심을 복되다고 말하는 자는 참으로 예언자로서 그가 알고 있는 것을 말한다. '보라, 다가온다, 가까이 오고 있다, 위대한 정오가!'"

짤고 Message

같은 사물과 현상이라도 바라보는 관점에 따라 다른 가치를 지닌다. 그래서 양면성, 또는 이중성을 이해하기 위해 필요한 것이 태도와 관점이다.

076

중력의 영이란?

나는 한 마리 작은 새처럼 적게 먹고 거침없이 비상하려
한다. 그것이 새의 천성, 진리에 도달하는 길이다. 그러나
우리에게는 '중력의 영'이 있다. 그것은 불구대천의 원수처럼
우리의 발목을 잡아챈다.

인간이 날수만 있다면 세상의 모든 경계석을 옮겨버릴 수
있으련만. 그러나 인간은 무거운 대지에 머리를 처박고
있는 타조처럼 날지 못한다. 가볍게 날기를 원하는 자, 나를
사랑해야만 한다.

나를 사랑한다는 것은 궁극의 기술이다. 선과 악, 그 모든
삶의 지참금을 벗어던지고 나의 선과 나의 악을 말하고
사랑할 수 있어야 한다.

"인간에게 대지와 삶은 무겁다. 그리고 그것은 중력의 영이 **원하는** 것이다! 그러나 가벼워져서 새가 되기를 바라는 자는 자신을 사랑해야만 한다. **나는** 이렇게 가르친다."

짤고 **Message**

일찍이 한국의 아이돌 그룹 BTS(방탄소년단)가 노래했다. 'Love Yourself'. 세계의 청소년을 위한 값싼 위로로 치부할 수 없는 울림이 담겨 있다. "어쩌면 누군가를 사랑하는 것보다 / 더 어려운 게 나 자신을 사랑하는 거야 (중략) 어제의 나 오늘의 나 내일의 나 / I'm learning how to love myself / 빠짐없이 남김없이 모두 다 나."(Love Yourself 노랫말 중)

077

나를 사랑하라

어떻게 나를 사랑할 것인가? 단박에 산 정상에 오르는 방법은
없다. 인식의 높은 돛대 위에 오르는 것은 진리에 도달하는
것처럼 어려운 일이다.

시도와 물음, 그것이 나의 모든 행로였다. 부끄러워하지도
숨기지도 않는 자세로 묻고 대답하는 것을 배워야 찾을 수
있는 길이다.

내게 방향을 묻지 말라. 세상에 모두가 가야 할 길 따위는
존재하지 않는다.

"나의 가르침은 이렇다. 언젠가 나는 법을 배우려는 자는 우선 서고 걷고 달리고 뛰어오르고 기어오르고 춤추는 것을 배워야 한다. 처음부터 나는 것을 배울 수는 없다!"

짤고 Message

사랑하지 않으려고 하면서 사랑받기를 원하는 자. 니체에 따르면 그의 세례명은 '기생충'이다. 가장 역겨운 인간 짐승이다.

낡은 서판

낡고 부서진 서판들에 둘러싸여 생각한다. 나의 시간은
언제 오는가? 나의 몰락의 시간을 기다리며 나 자신에 대해
이야기해주겠다.

내가 본 인간들은 이미 그들이 선과 악에 대해 알고 있다고
믿고 있었다. 하지만 그들 누구도 선악을 알지 못한다. 선악을
알 수 있는 자는 오로지 창조하는 자뿐이다. 인간의 목표를
창조하고 대지에 의미와 미래를 부여하는 창조하는 자.
그만이 선악을 결정할 수 있다.

나는 인간들에게 명령했다. 낡은 강단을 뒤엎고 검은 옷의
허수아비들을 조롱하라. 위대한 동경으로 춤추라. 중력의
영이 창조한 것들을 뛰어넘어 춤추며 건너가라.

"창조하는 자는 인간의 목표를 창조하고 대지에 그
의미와 미래를 부여하는 자다. 그가 비로소 무엇이
선이고 악인지를 창조한다."

짧고 Message

종교의 개념 안에서는 오직 신만이 창조하는 자이다. 그러나 니체의
창조하는 자는 인간의 낡은 가치를 전복하는 자, 기꺼이 그 길을 춤추듯
가는 자이다.

구제

인간은 다리일 뿐 목적이 아니다. 건너가는 자이고
극복되어야 할 존재이다. 나는 시인으로서, 수수께끼를
푸는 자로서, 그리고 우연을 구제하는 자로서 인간들에게
이야기했다. 미래에 창조적으로 관여하고, 과거에 있었던
모든 것을 창조적으로 구제하라. 나의 의지로 그렇게 되기를
바라라! 그것이 나 자신에 대한 구제이다.

"그곳에서 나는 또한 초인이라는 말을 길에서
터득했으며, 인간은 극복되어야 할 존재라는 것을 알게
되었다."

짤고 Message

구제, 구원은 종교의 오랜 가치이다. 인간이 신을 믿는 이유는 현세의
고통과 죄로부터 벗어나 절대자에 의해 구원받으리라 믿기 때문이다.
하지만 니체는, 내가 나를 극복해 구원할 수 있다고 말한다.

080

새로운 서판 1

여기, 새로운 서판 하나가 있다. 서판에는 이렇게 쓰여있다.
그대의 이웃을 아끼지 마라. 스스로 명령을 내리지 못하는
자는 복종해야만 한다. 자신에게 명령을 내리고, 자신에게
복종할 수 있어야 한다.

공짜로 얻으려 하지 마라. 고귀한 영혼은 삶이 우리에게
약속한 것을 지키려 하고, 향락을 소유하기보다 죄책과
고통을 찾아야 한다.

우리는 제물로 바쳐지는 말이다. 제단 위에서 피 흘리며 낡은
우상에 의해 불태워진다. 기꺼이 몰락하라. 그래야 저 너머로
건너갈 수 있다.

착한 자는 결코 진리를 말할 수 없다. 양보하고 참고 견디려는
마음에 자신의 내면에 귀 기울이지 않기 때문이다. 차라리
충분히 악해져야 한다. 그래야 진리의 씨앗이 깨어난다.

"이제껏 모든 지식은 사악한 양심과 더불어 성장해왔다.
그러니 그대 인식하는 자들이여, 낡은 서판을 부숴라,
부숴버려라!"

짧고 Message

인류가 갖고 있는 최초의 서판은 모세가 유대민족을 이끌고 가나안으로
탈출할 때 하나님이 내렸다는 서판이다. 이 서판은 우상을 섬기는 이들로
인해 깨어지고 모세가 직접 두 번째 서판을 새기게 된다. 그 내용이
현재에도 전해지는 모세의 십계명이다.

새로운 서판 2

새로운 서판은 계속된다.

만물은 고정되어 있지 않고 흘러 변화한다. 얼음을 녹이는
봄바람을 보라. 황소 같은 봄바람은 얼음을 깨고 판자 다리를
무너뜨리는 법. 그럼에도 과거의 선악에 매달리려 하는가?
사람들은 과거에 묶인 선악, 운명의 예언을 믿는다. 하지만
돌아보라. 그것은 그저 망상일 뿐이다. 또한 '신성하다'는
믿음으로 행해진 죽음의 설교를 거역하라. 진리는 그런
고약한 믿음 때문에 살해되었다.

그래서 우리에겐 새로운 귀족이 필요하다. 모든 천민과
폭군에 맞서는 적대자, 새로운 서판에 '고귀한'이라는 말을
새롭게 써넣을 귀족.

나는 그대들을 새로운 귀족에 서품한다. 미래를 낳고 기르고
씨 뿌리는 자가 되어라. 어디서 왔는가가 아니라 어디로
가는가 하는 것을 명예로 삼을 자. 그대들 자신을 넘어서서
가려는 의지와 발, 그것을 새로운 명예로 삼아라.

"아, 형제들이여, 그대들 귀족은 뒤쪽이 아니라 앞쪽을 바라보아야 한다! 그대들은 모든 아버지의 땅, 조상들의 땅에서 추방된 자들이어야 한다!"

짤고 Message

모세의 십계명은 이후 종교가 분화되는 과정에서 유대교와 개신교의 십계명, 가톨릭교회의 십계명, 동방정교회의 십계명 등으로 조금씩의 해석 차이를 보인다.

새로운 서판 3

삶이 덧없다는 케케묵은 지혜를 아직도 귀하게 여기는
이들이 있다. 그런 자들은 식탁에 앉으며 왕성한 식욕조차
갖고 오지 않는 자들이다. 기뻐할 줄 모르는 자들의 서판을
부숴버려라.

세계 너머의 세계를 믿으며 순결을 강조하는 자들은 과연
순결한가? 세상이 오물로 덮여 있다 해도 세계 자체가 더러운
것은 아니다. 최선의 자에게도 구역질을 일으키는 무언가가
있다. 최선의 자도 극복되어야 할 존재가 아닌가. 신심 깊은
자들의 낡은 서판은 부숴버려야 한다.

삶은 쾌락의 샘이다. 인식한다는 것은 즐거움이다. 그러나
이미 지친 영혼은 욕구하지 않음으로써 노예가 된다.
자유로운 숨결로 감옥 속으로, 갇혀 있는 정신속으로 들어가
의욕하라.

"의욕은 인간을 자유롭게 한다. 의욕하는 것은
창조한다는 것이기 때문이다. 나는 그렇게 가르친다.
그대들은 오직 창조하기 위해 배워야 한다!"

짧고 Message

청년 시절, 니체는 쇼펜하우어의 <의지와 표상으로서의 세계>를 읽고
매료되었다. 음울한 천재 철학자의 허무와 부정으로부터 배운 것은 나를
비춰볼 수 있는 커다란 거울이었다. 니체는 쇼펜하우어의 염세주의를
극복하고 차라투스트라에 이른다.

새로운 서판 4

그대들은 어찌 죽음의 나룻배에 올라타려 하지 않으면서도
대지에 등 돌린 채 지쳐 있는가. 지상의 게으름뱅이들이여,
그대들은 다시 활기차게 달려야 한다.
자신의 목표에서 겨우 한 뼘쯤 떨어진 곳에서 탈진해 있기를
바라는 영웅도 있다. 하지만 그가 스스로 잠에서 깨어날
때까지 기다려주자. 다만, 그 영웅의 주위를 맴도는 게으른
개들, 교양 있는 척하는 구더기들은 쫓아버려라.
구더기보다 더 최악은 식객들이다. 그대들의 민감한 상처에
들러붙어 둥지를 틀고 기생하는 부류들이다. 우리의 영혼이
높은 곳으로 향할수록 더 많은 식객들이 들러붙을 것이다.
최고의 영혼이 어찌 최악의 식객들을 기르지 않을 수
있겠는가.

"나는 더 나은 배우들의 등장을 예고하는 서막이다. 아, 형제들이여! 나는 하나의 선례다! 나의 선례를 **따르라!** 그리고 나는 법을 배우지 못하는 자에게는 보다 빨리 추락하는 법을 가르쳐라!"

짤고 Message

공존은 자연의 섭리이기도 하다. 들판을 보자. 봄부터 가을까지 잔디가 싹을 내고 성장해 생을 마무리할 때쯤이 되면 서양민들레, 고들빼기, 할미꽃 등이 잔디의 빈자리를 메워 겨울을 보낸다. 생육 시기를 달리해 공간과 양분, 삶을 나누는 방식이다.

084

새로운 서판 5

나는 용감한 자들을 사랑한다. 양날의 칼을 쥐고 누구를 벨 것인지, 누구를 스쳐 지나칠지 아는 자. 우리에게 어울리는 적에 맞서 우리의 길을 가야 한다. 그곳의 지배자가 되어야 한다.

나는 남자와 여자들에게 이렇게 바란다. 서로에게 커다란 웃음을 선사하라. 서로 사랑한다면 조심하는 마음이 필요하다. 위대한 결혼을 위해 일정 기간 작은 결혼을 해보는 것은 어떠한가? 그대들을 드높이고 키워줄 수 있도록 사랑하라.

인간의 미래에 있어 최대의 위험은 착한 자와 의로운 자들이다. 그들은 바리새인이다. 착한 바리새인들은 독자적인 덕을 만들어낸 자를 십자가에 못 박았다. 이것은 우둔함인가, 영리함인가? 그들은 창조하는 자를 미워하고, 서판과 낡은 가치를 파괴하는 자를 범죄자라고 부른다. 착한 자들은 창조할 수 없다. 그들은 종말의 시작일뿐이다.

"그들은 새로운 가치를 새로운 서판에 써넣는 자를
십자가에 못 박고, **자신들의** 미래를 제물로 바친다.
그렇게 인간의 미래를 십자가에 못 박는다!"

짤고 Message

바리새인이란 3대 유대 분파의 하나로 율법을 중요시했다. 그러나 예수는
그들이 규칙에만 집착한 나머지 이웃과 신을 사랑하는 일에 소홀한
위선자들이라고 비판했다. 그리하여 현대에는 위선자를 비유적으로
일컫는 말이 되었다.

085

새로운 서판 6

인간이라는 땅을 발견했던 우리는 또한 인간의 미래를 향한
용감한 항해자가 되어야 한다. 우리의 배는 아이들의 땅을
향할 것이다. 다이아몬드처럼 단단한 마음으로 가차 없는
운명을 창조해야 한다.
언젠가 맞이할 위대한 정오를 위해 달아오른 청동처럼 굳은
의지로 성숙해져야 한다.
부디, 나의 필연인 의지여, 커다란 승리를 위해 나를
아껴달라!

"아, 형제들이여, 내가 그대들에게 선한 자들과 그들의
서판을 부숴버리라고 했던 그때, 나는 비로소 인간을
배에 태워 거친 바다로 출항시켰던 것이다."

 짧고 **Message**

낡은 규칙과 상식, 제도와 서판을 깨는 것은 과거를 이기고 현재를 바꾸는,
미래를 여는 시작이다.

086

치유의 7일

차라투스트라는 동굴로 돌아왔다. 어느 아침, 그는 미친
사람처럼 소리쳤다. 놀란 동굴 주변의 동물들이 달려왔다.
"솟아나라, 심연의 사상이여, 나의 깊이로부터!" 큰소리로
외친 차라투스트라는 갑자기 시체처럼 쓰러져 먹지도
마시지도 않고 7일 동안 누워 있었다.

드디어 7일째 날, 마침내 차라투스트라가 깨어났다. 그가
말한다.

모든 존재의 수레바퀴는 영원히 굴러간다. 죽고 태어나고,
꺾이고 이어진다. 인간은 그가 누구든 영원토록 회귀한다.
이 얼마나 권태로운 생존인가. 그럼에도 불구하고 나는 다시
노래해야 한다. 영혼의 치유를 위한 노래를 불러야 한다.
그것이 나의 운명이다. 나는 초인의 도래를 알리기 위해
회귀하고, 예고자로서 파멸할 것이다.

다시 차라투스트라는 침묵에 잠겨 자신의 영혼과 이야기를
나누었고, 주위에 있던 뱀과 독수리는 그의 고요를 지켜주기
위해 조심스레 동굴을 떠났다.

"나는 나의 말을 했고, 나의 말과 더불어 부서진다. 나의 영원한 운명은 다음과 같이 되기를 원한다. 예고자로서 나는 파멸하고자 한다!

이제 몰락하는 자가 자신을 축복할 때가 왔다. 이렇게 하여 차라투스트라의 몰락은 끝난다."

 짤고 Message

성경에서 예수는 십자가에 못 박혀 죽은 지 사흘 만에 부활한다. 차라투스트라는 초인의 도래를 알리는 예언자로서 7일간 무덤 같은 동굴에서 잠든 후 깨어난다.

087

나의 영혼에게

아, 나의 영혼이여, 나는 그대에게 모든 것을 주었다. 지혜의
포도주를 쏟아부어 마시게 했고, 둥글게 춤추며 가도록
가르쳤다. 사랑이 넘치는 경멸, 공경의 역전과 운명이라는
이름, 이미 창조된 것과 아직 창조되지 않은 모든 것을
누릴 자유, 모든 태양과 모든 밤, 모든 침묵과 모든 동경을
쏟아부었다.

그리하여 그대는 포도 덩굴처럼 성장해 여인의 부푼
젖가슴처럼 풍성한 모습이 되었다. 이제 내 두 손에는
아무것도 없다.

이제 그대는 들끓어 오르는 거센 노래를 불러다오. 모든
바다가 잠잠해지면서 그대의 그리움에 귀 기울일 때까지.
동경의 몸짓으로 가볍게 춤출 수 있도록.

"아, 나의 영혼이여. 나는 그대에게 모든 것을 주었다. 최후의 것까지도. 그리하여 내 손은 텅 비었다. **내가 그대에게 노래 부르라고 말한 것**, 보라, 그것이 내 마지막 것이었다!"

짧고 Message

7일간의 치유를 통해 차라투스트라가 회복한 것은 다시금 자신의 영혼을 바라볼 수 있는 용기였다.

나의 여인, 삶에게

아, 나의 삶이여, 나의 여인이여, 나의 마녀여! 나는 그대의
손짓에 맞춰 신들린 듯 춤추었다. 나는 춤추며 그대를 따른다.
그대, 이제 지쳤는가? 그렇다면 마음 놓고 팔을 늘어뜨려라.
내가 그대를 위해 채찍을 휘둘러 박자를 맞추리라.
그러자 삶이 대답했다.
차라투스트라여, 무시무시한 채찍을 휘두르지 마라. 우리는
선악의 저편에서 꽤 잘 지내지 않았는가. 하지만 나는 그대가
곧 사랑을 거두고 내 곁을 떠날 것을 안다.
"그렇다" 나는 머뭇거리며 대답했다. 하지만 그대도 이미
알고 있단 말인가.
우리는 서로를 바라보았고, 저녁이 내리는 초원을 바라보며
함께 울었다. 그때 내게는 삶이, 더욱더 사랑스러웠다.

"열하나!
– 깊고 깊은 영원을 원한다!"

 짧고 Message

의지를 지닌 영혼으로서, 나는 삶의 주인이 되어 채찍을 휘두를 수 있어야
한다.

일곱 개의 봉인(封印)

1. 예언자적 정신으로 가득한 나는 번개를 잉태하기 위해 무거운 뇌우로서 산등성이에 걸려있어야 한다. 사랑하는 영원이여, 그대를 갈망한다.
2. 나는 낡은 서판을 박살 내고 부서진 교회에 앉아 있다.
3. 내가 창조적인 번개의 웃음을 짓는다면,
4. 양념 섞는 항아리 속 구원의 소금 알갱이라면,
5. 발견되지 않은 것을 향해 돛을 몰아가는 항해자의 쾌락이 있다면,
6. 가벼운 춤꾼이 되고 모든 정신의 새가 되는 것, 그것이 나의 알파요 오메가라면,
7. 나의 자유에 새의 자유가 찾아왔더라면,
내가 어떻게 영원을 갈망하지 않을 수 있을까. 그대는 내 아이를 낳게 하고 싶은 단 하나의 여자이다.

"그대를 사랑하기 때문이다, 아, 영원이여!"

'영원 회귀'는 니체 철학의 근본이다. 삶의 매순간, 모든 순간이 바뀌지
않고 무한히 되풀이되는 것을 의미한다. 이 권태로운 회귀의 수레바퀴에서
용기 있게 "그렇다면 다시 한번!"을 외치고 의지를 세워 위버멘쉬(초인)로
향하는 것. 그것이 니체가 말하고자 하는 바다.

4부

차라투스트라는
이렇게 말했다

. . .

모든 이를 위한,
그리고 그 누구의 것도 아닌 책

어부

차라투스트라의 영혼 위로 세월이 흐르고 그의 머리카락은
하얗게 세었다. 그는 동굴을 나와 높은 산에 올랐다.

세상은 바닥을 알 수 없는 바다처럼 여겨지고 나는 그곳에서
그물을 던지는 어부가 되기를 갈망한다. 인간의 세계, 인간의
바다는 인간의 심연이다. 나는 최고의 미끼로 인간이라는
물고기를 낚는다. 그것이 나의 영원한 운명이다.

나는 오늘 고기를 잡으러 높은 산에 올랐다. 나는 강한 인내로
기다린다. 차라투스트라의 천년 왕국이 오고야 말 것을.

나는 모든 바닷속에 있는 것 가운데 원래 내게 속하는 것,
본래의 자기, 그것을 낚아 올리는 어부다.

"나는 본래부터 잡아당기고 끌어당기고 들어 올리고 잡아채는 어부이다. 일찍이 자신에게 '그대의 본래 모습 그대로 되어라!'라고 말한 엄한 교사이다."

짤고 Message

성경에도 어부가 등장한다. 예수가 갈릴리 바닷가를 걷던 중 바다에 그물을 던지는 베드로 형제를 만난다. 예수는 "내가 너희를 사람을 낚는 어부가 되게 하리라" 말씀하신다. 차라투스트라는 말한다. "본래의 나를 낚는 어부가 돼라."

091

권태의 예언자

다음 날 차라투스트라는 다시 동굴 앞 바위에 앉아있었다.
그의 그림자 옆으로 또 하나의 그림자가 드리워졌다.
그림자의 주인은 한때 차라투스트라가 식탁에 초대해 함께
음식을 나눠 먹었던 예언자였다. 커다란 권태를 알리던
예언자.

그때, 환영의 인사를 나누던 차라투스트라와 예언자 주위로
긴박한 외침이 들려왔다. 애타게 구조를 간청하는 인간의
외침, 심연들이 서로에게 서로를 떠넘기는 외침은 몹시도
불길했다.

차라투스트라의 마지막 죄, 동정이 싹터 올랐다. 예언자는
차라투스트라에게 차원 높은 인간들이 내는 외침에 동정을
발휘할 시간이라고 말한다. 쓰러지지 않기 위해 다시
춤추어야 할 시간이라고 종용한다. 행복의 섬은 존재하지
않으니 차원 높은 자들을 동정하러 떠나라 말한다.

불안감에 몸을 떨던 차라투스트라는 마침내 세 번 외친다.
"아니다! 행복의 섬은 여전히 존재하고, 나는 나의 영토에서
행복해질 그들을 구제하기 위해 길을 떠나련다."

" '아니다! 아니다! 세 번 말하지만 아니다!'
차라투스트라는 힘찬 목소리로 외치며 수염을
쓰다듬었다. '그것은 내가 더 잘 알고 있다! 행복의
섬들은 여전히 존재한다. 그것에 대해서는 입을 다물라,
그대 한숨짓는 슬픔의 자루여!' "

 짧고 Message

니체에게 한숨이나 짓는 슬픔의 자루는 선배 철학자 쇼펜하우어가
아니었을까. 독일의 철학자 쇼펜하우어(Arthur Schopenhauer
1788~1860)는 니체 철학에 큰 영향을 미쳤다. 둘의 철학은 삶을
이끌어가는 것이 '의지'라는 데 공감하지만, 쇼펜하우어는 이 '맹목적인
생존의지'를 벗어나기 위해 예술적 관조로 세계를 망각하거나 욕구로부터
벗어나는 염세주의를 주장했다.

두 명의 왕

긴박하게 외치는 차원 높은 자를 찾기 위해 길을 나선
차라투스트라는 숲속에서 두 명의 왕을 만난다. 그들은
천민의 제국, 스스로를 귀족이라 부르는 가짜들, 쇠파리 같은
글쟁이와 냄새나는 소상인들로부터 벗어나 최고의 인간,
차원 높은 인간을 찾으러 길을 떠난 왕들이다.
왕들은 천민들의 세상에 진절머리를 내며 천민들 틈의 왕이
무슨 소용인가 한탄한다. 그들은 최고의 인간이 지상에서도
최고의 지배자가 되어야 하지만, 기울어진 세상에서 힘 있는
자들이 동시에 으뜸가는 인간이 아닌 경우가 많은 것은
가혹한 불행이라고 이야기한다.

"로마 황제는 타락하여 가축이 되었고, 신조차 유대인이
되었다!"

짤고 Message

타락한 권력을 풍자한 유명한 소설이 있다. 조지 오웰의 <동물농장Animal
Farm>. 러시아 혁명 이후 스탈린 시대의 권력을 모델로 한 정치소설로,
공포정치와 대중의 무기력을 보여준다.

선과 용기

차라투스트라를 만난 두 명의 왕은 더없이 반가웠다.
선(善)과 용기에 대한 차라투스트라의 지혜에 깊이 공감했기
때문이다. 새로운 전쟁을 일으킬 수단으로서 평화를
사랑해야 한다는 차라투스트라의 가르침은 두 명의 왕을
탄복시킨 이야기였다.
그러나 차라투스트라도 그러했을까? 슬며시 왕들의 이야기에
피로를 느낀 차라투스트라는 오늘 밤 그의 동굴에서 만나기로
약속하고 다시 길을 떠난다.

"'무엇이 선인가? 용감한 것이 선이다. 좋은 전쟁은 모든 구실을 신성하게 만든다.' 이렇게 전투적으로 말한 자는 지금껏 한 명도 없었다."

짤고 Message

니체는 독일이 민족주의자들의 국가로 변해가는 것을 몹시도 경계했으나, 아이러니하게도 니체의 위 문장은 훗날 나치즘에 영향을 끼쳤다. 니체 사후, 여동생 엘리자베스는 바이로이트 축제에서 히틀러를 만나 니체의 철학을 알렸고, 히틀러는 니체의 작품 보관소를 후원했다. 나치는 니체의 철학을 나치즘을 뒷받침하는 이론으로 삼았다.

지적인 양심을 지닌 자

늪을 지나 숲으로 들어가던 차라투스트라는 부지불식
중에 누군가를 밟게 된다. 밟힌 자는 격분해 비명과 욕설을
내뱉었다. 그의 맨팔은 거머리에 물어뜯겨 철철 피가 흐르고
있었다. 차라투스트라는 용서를 빌고 자신의 이름을 밝혔다.
차라투스트라의 이름을 듣는 순간, 단박에 밟힌 자의 태도가
달라졌다. 밟힌 자는 이 숲속 늪가에서 차라투스트라를 찾는
자였다. 그의 이름은 '지적인 양심을 지닌 자'였다.
그는 냉정하고 엄격하게, 정밀하고 잔인하게 정신의 양심을
찾는 자였다. 그는 차라투스트라의 가르침대로 자신의
피로써 지식을 키우려는 자였다.
차라투스트라는 지적인 양심을 지닌 자를 자신의 동굴로
초대한다. 그리고 다시 긴박한 외침을 따라 길을 나선다.

"그것을 위해 나는 모든 것을 내던졌고, 다른 모든 것에 무관심했다. 그리하여 나의 지식 바로 곁에는 나의 캄캄한 무지가 웅크리고 있는 것이다."

짧고 Message

오늘날 니체는 전 세계에서 가장 유명한 철학자 중 한 명이지만, 그가 살던 시대엔 무명에 가까운 존재였다. <차라투스트라는 이렇게 말했다>는 니체가 자비를 들여 출간했다. 그나마 인쇄된 40권의 초판 중 겨우 7권이 배포되었을 뿐이다. 산업혁명 이후 도시화가 진행되던 유럽에서 니체의 지적 양심은 지식과 무지 사이에서 떠돌고 있었다.

고약한 마술사 노인

차라투스트라가 막 바위 하나를 돌아가는 순간, 그는 미친
사람처럼 손발을 휘두르며 울부짖는 한 노인을 보았다. 그는
버림받은 자, 고통에 몸부림치는 고독한 이처럼 보였다.
노인은 미지의 신을 찾으며 한탄하는 정신의 속죄자처럼
보였다.

그러나 차라투스트라는 속지 않았다. 단박에 노인의
정체를 꿰뚫어 본 차라투스트라는, 그가 정신의 속죄자를
연기하는 배우, 겹겹이 위장한 거짓말쟁이, 마술사임을
알아챘다. 그러나 그가 비록 위대한 인간을 연기하는
거짓말쟁이일지라도 그의 내면에 찰나의 진실, 정직함이
존재하는 것을 보았다.

노인은 차라투스트라에게 진짜 인간, 위대한 인간을 찾고
있노라 고백했다. 차라투스트라는 한참의 침묵 후 그를
자신의 동굴로 초대했다.

"그대 고약하고 늙은 마술사여, 그대가 자신에게 지쳐
'나는 위대하지 않다'라고 고백한 것, **그것이야말로** 내가
존중하는 그대의 가장 정직한 점이다.
그 점에서 나는 그대를 정신의 속죄자로서 존경한다.
비록 짧은 순간이었다 할지라도 그 순간만큼은 그대는
진실했다."

짤고 Message

거짓말쟁이의 진실을 꿰뚫는 찰나의 통찰.

신을 부정하는 성직자

차라투스트라는 얼마 가지 않아 검은 옷을 입은 창백한
한 남자를 만났다. 그는 차라투스트라가 경멸해 마지않는
성직자처럼 보였다. 차라투스트라는 그를 무시한 채
지나치고 싶었으나 그가 발길을 붙들었다.

늙은 성직자는 '신이 죽은' 세상에서 일자리를 잃고 모실
주인을 잃은 이였다. 그는 신을 믿지 않는 사람들 가운데 가장
경건한 차라투스트라를 찾아가는 길이었다. 차라투스트라는
신을 부정하는 그에게서 신의 죽음, 마지막 이야기를 듣고
싶었다.

늙은 성직자가 말했다.

"신은 인간에 대한 너무도 커다란 동정심 때문에 질식해 죽고
말았다네."

그는 잃어버린 유일신을 대신해 선악의 저 너머에 있는
차라투스트라를 만나고 싶어 했다. 차라투스트라는 이 늙은
성직자를 자신의 동굴로 초대하기로 했다. 가차 없이 신을
부정하는 그와 즐겁게 이야기 나누고 싶었다.

"**이따위** 신은 꺼져라! 신이 없는 편이 낫다. 혼자 힘으로 운명을 만드는 편이 낫다. 차라리 바보가 되리라. 스스로 신이 되어라!"

짤고 Message

늙은 성직자의 '신이 인간에 대한 동정 때문에 죽었다'는 이야기는 차라투스트라에게도 여전한 고민거리이다. 덕망 높은 그조차 아직 인간에 대한 연민과 동정에서 벗어나지 못했기 때문이다.

신을 살해한 자

차라투스트라는 다시 산을 넘고 숲을 지나 절박하게 외친
그자를 찾아 떠났다. 그리고 한순간 죽음의 나라로 들어섰다.
모든 것이 죽어있는 골짜기에서 갑작스레 요란한 소리가
울리더니 인간의 목소리가 들렸다.

그 목소리의 주인공은 신을 살해한 자였다. 더없이 추악한
자였다. 그는 자신의 마지막 피난처로서 차라투스트라를
기다리고 있었다. 그는 신을 죽인 자신을 동정하지
않을 유일한 자, 차라투스트라를 찾고 있었다. 오직
차라투스트라만이 '모든 창조하는 자는 냉혹하고, 모든
커다란 사랑은 동정을 넘어서 있다'고 가르쳤기 때문이다.
그러나 신은 인간의 추악한 바닥까지 보았던 눈으로 인간을
동정했다. 부끄러움 없이 동정했다. 그러니 신을 죽인 것은
복수였다. 인간의 모든 것을 목격한 자에 대한 복수였다.
더없이 추악한 자는 신을 살해함으로써 스스로 추방된
자였고, 행동함으로써 배우는 자였다. 차라투스트라는 그를
자신의 동굴로 초대했다.

"나는 한껏 경멸하는 자들을 사랑한다. 그러나 인간은
극복되어야 할 그 무엇이다."

<복수는 나의 것>(2002년)이라는 박찬욱 감독의 영화가 있다. 박찬욱
감독의 '복수 3부작' 중 첫 번째 작품으로 이후 <올드보이>(2003), <친절한
금자씨>(2005)로 이어진다. 거대한 운명의 부조리에 자비 없이 복수하는
인물들이 등장한다.

제 발로 거지가 된 자

다시 숲길을 걷던 차라투스트라는 푸른 목장을 지나 한
떼의 암소무리를 발견했다. 그 가운데에는 한 사내가
있었다. 차라투스트라와 사내는 곧바로 서로를 알아보았다.
그는 일찍이 거대한 재산을 던져버리고 제 발로 거지가 된
자였다. 그는 가장 가난한 자들에게로 도망쳤으나, 가장
가난한 자들은 그를 받아들이지 않았다. 그래서 사내는
암소들에게로 온 것이었다.

그는 부(富)의 죄수들에 대한 구역질 때문에 가난한 자들의
세계로 향했으나, 세상은 온통 천민과 노예의 폭동에
휩싸였다. 가난한 자에게 복이 있다는 것은 이미 진실이
아니었다.

제 발로 거지가 된 자를 꿰뚫어 본 차라투스트라는 그에게
곱씹을 곡물과 맑은 꿀이 필요하다는 것을 간파했다.
차라투스트라는 사내를 자신의 동굴로 초대했다.

"위에도 천민, 아래에도 천민! 오늘날 가난하다는
것과 부유하다는 것은 무슨 의미인가! 나는 그 구분을
잊어버렸다. 그래서 나는 멀리, 더 멀리로 달아났다.
마침내 이 암소들이 있는 곳까지."

 짧고 Message

최근 우리 사회를 칭하는 용어 중 '헬조선'이라는 신조어가 있다.
지옥(Hell)과 조선(朝鮮)의 합성어다. 열정페이, 무급인턴, 비정규직,
취업난 등 청년층의 현실을 '지옥'에 비유한 표현이다. 돈, 서열, 불안, 공정
등 다양한 사회적 화두를 담은 표현이기도 하다.

099

나의 그림자

차라투스트라에게 새로운 목소리가 들려왔다. 그는 자신이
차라투스트라의 그림자라고 했다. 차라투스트라의 발꿈치에
달라붙어 긴 방랑의 길을 함께 걸은 그림자, 언제나 길 위에
있어 이제는 목적지를 잃어버린 그림자라고 했다. 그는 지친
먼지처럼 세상 모든 곳에 앉아보았지만, 세상이 그로부터
빼앗기만 할 뿐 아무것도 주지 않아 얇고 텅 빈 그림자가
되었다고 했다.

그는 차라투스트라와 함께 모든 경계석과 우상을 쓰러뜨리며
위험한 소망을 쫓았으나 이제는 사랑하는 아무것도 남지
않아 자신조차도 사랑할 수 없다고 했다.

이제 그림자에게 남은 것은 무엇일까? 그림자가 추구했던
고향은 찾지 못했다.

차라투스트라는 비로소 그림자를 알아보았다. 그는 참으로
슬펐다. 목적지를 잃은 그림자에게 편하고 안전한 밤을
선사하고 싶었다. 그를 자신의 동굴로 초대했다.

" '어디에 있는가? 나의 고향은?' 나는 이렇게 묻고 찾았다. 그러나 찾지 못했다. 아, 영원히 모든 곳에 있고, 아, 영원히 어디에도 없는, 아, 영원한 헛됨이여!"

짧고 Message

차라투스트라의 여정이 막바지에 이르렀다. 그가 세상을 향해 외쳤던
메시지들이 제각각의 인물들로 외화해 동굴로 초대되었다. 이제
동굴에서는 마지막 파티가 시작될 것이다.

정오의 심연

걷고 또 걷던 차라투스트라는 끊임없이 자기 자신을
발견하며 숲으로 나아갔다. 그리고 정오 무렵, 태양이 머리
꼭대기에 있을 때, 그는 포도나무 가지로 휘감긴 한 그루 노목
옆에서 잠시 몸을 누이고 쉬기로 했다.

세상은 고요했고 차라투스트라의 영혼은 한껏 늘어져 잠을
불러왔다. 마치 뭍에 정박한 한 척의 배처럼 그는 완전하게
행복했다.

눈을 뜬 채 잠이 든 차라투스트라는 영원의 반만큼 자고
일어나 세상을 바라보았다. 세계는 황금의 둥근 고리처럼
완전해 보였다. 정오의 심연에서 깨어난 차라투스트라는
달큰한 잠을 떨치고 자신의 동굴로 돌아가기로 했다.

"가장 사소한 것, 가장 조용한 것, 가장 가벼운 것,
도마뱀의 바스락거림, 한 번의 호흡, 한 번의 스침,
순간의 눈길—이처럼 **사소한 것**이 **최고의** 행복을 만든다.
조용!"

 짤고 **Message**

스스로의 의지로 산길을 걷던 차라투스트라는 정오의 태양이 머리
꼭대기에 이르렀을 때, 마침내 완전한 평화에 도착한다. 그렇다면 의지를
불태워 '다시 한번!' 인간에게로 향해야 한다.

101

동굴로 귀환

긴박한 외침을 찾아 헤맨 차라투스트라의 걸음은
헛수고였다. 늦은 오후, 차라투스트라는 자신의 동굴 근처에
다다랐다. 그때 다시 긴박한 외침이 들려왔다. 바로 그의
동굴에서. 놀란 차라투스트라는 동굴로 뛰어들어 갔다.
그곳은 난장판이었다. 낮 동안 그가 만났던 두 명의 왕,
늙은 마술사, 교황, 제 발로 거지가 된 자, 그림자, 지적인
양심을 지닌 자, 슬픔에 잠긴 예언자, 그리고 나귀와 더 없이
추악한 자가 아우성을 치고 있었다. 그 무리의 중심에선
차라투스트라의 독수리가 영리한 뱀을 목에 감고 깃털을
곤두세운 채 안절부절못하고 있었다. 손님들이 독수리에게
너무 많은 질문을 했기 때문이다.
차라투스트라는 재미난 표정으로 그들을 둘러보았다.

"내가 들었던 것이 **그대들의** 긴박한 외침이었는가?
이제 알겠다. 내가 오늘 헛되이 찾아다녔던 **차원** 높은
인간을 어디서 찾을 수 있는지를."

 짧고 Message

외침의 주인공들은 의외로 가까이에 있었다. 힘겹게 찾아다녔으나 자신의
동굴에서 만나게 된 그것. 어쩌면 그것은 애당초 존재하지 않았을 수도
있다.

환영 인사

차라투스트라는 자신의 동굴에 모인 이들에게 다정하게
손을 내밀며 따뜻한 환영 인사를 전했다. 모두가 안전하고
기뻐했다. 손님들 중 왕이 말했다.

"차라투스트라여, 그대는 더없이 유연하면서 당당하기까지
한 소나무다. 우리는 그대를 만나 더 이상 절망하지 않고
있다. 하지만 이것은 보다 나은 자들이 그대에게로 오는 길
위에 있음을 말하는 징조일 뿐. 우리는 그대와 함께 다시금
희망하기를 배우고 싶다."

차라투스트라가 대답했다.

"나의 손님들이여, 분명하게 말하겠다. 내가 이 산속에서
기다린 것은 그대들이 아니었다. 그대들보다 더 차원
높은 인간을 기다렸다. 그대들은 연약한 다리로 서 있는,
보살핌받기를 바라는 자들이다. 하지만 나는 나의 전사들을
아끼지 않으니, 어찌 그대들이 나의 전쟁에 도움이 될 것인가.
나는 내 가르침을 비춰줄 맑고 매끄러운 거울이 필요하다."

"더 차원 높고, 더 강하고, 더 당당하고, 더 쾌활하고, 몸과 영혼이 반듯한 자들을 기다리고 있다. 웃는 사자들은 오고야 말 것이다"

짤고 Message

차라투스트라의 '사자'는 "나는 희망한다"라고 외치는 정신, 당위와 복종을 거부하는 용감한 정신세계이다.

103

잔치의 시작

차라투스트라의 이야기에 어쩔 줄 몰라 하는 손님들 중 늙은
예언자가 다짜고짜 앞으로 나서 외쳤다.

"차라투스트라여, 그대는 우리를 초대해 놓고 고작 말 잔치만
벌이는가? 우리는 굶주리고 배고프다. 이런 만찬엔 포도주가
제격이다."

그러자 오른편에 앉은 왕이 나귀에 실린 포도주를
내놓겠다고 말했다. 하지만 그에게 빵은 없었다.

차라투스트라는 빵 대신 부드러운 새끼 양 두 마리를
요리하겠다고 말했다. 신나는 잔치에서 모두가 손을 보태
고기와 포도주를 즐기자고 제안했다.

모두가 흥겨워했으나 오직 제 발로 거지가 된 자만이
반대했다. 고작 먹고 마시기 위해 높은 산을 올라 동굴에 온
것은 아니었기 때문이다.

차라투스트라는 각자의 방식대로 즐기자고 이야기한다.
그렇게 최후의 만찬이 시작되었다.

"전쟁과 축제를 즐기는 자, 음울하지 않은 자, 몽상에
빠지지 않는 자, 어려운 일도 축제를 맞이하듯 하는 자,
건강하고 온전한 자라야 한다."

짤고 Message

성경 속 최후의 만찬은 예수가 십자가에 매달리기 전날, 열두 명의 제자와
함께 빵과 포도주를 나눈 마지막 식사였다. 예수는 이 자리에서 "너희
가운데 하나가 나를 배반하리라."고 말했다.

104

다시, 차원 높은 인간에 대하여 1

내가 처음 인간들에게 갔을 때, 나는 은둔자다운 어리석음을 범했다. 바로 시장으로 갔던 것이다. 나는 시장의 사람들에게 이야기했으나 아무도 내 말에 귀 기울이지 않았다. 그곳에서 내가 만난 것은 줄타기 광대의 시체뿐이었다.

시장의 천민들은 신 앞에 모두가 평등하다고 주장했다. 과연 그러한가? 신은 죽었고, 나는 시장의 천민들과 평등하기를 거부한다.

신이 죽고서야 우리 차원 높은 인간들은 주인이 된다. 우리는 초인으로 살기를 바란다.

"이제 이 신은 죽었다. 우리는 천민 앞에서 평등해지고 싶지 않다. 그대들, 차원 높은 인간들이여, 시장을 떠나라!"

짤고 Message

다시 위버멘쉬(초인)가 등장한다. 차라투스트라가 처음 마을로 내려와 만났던 줄타기 광대는 기실 위버멘쉬였다. 그는 가느다란 줄 위를 위태롭게 건너는 자, 위버멘쉬의 현현(顯現)이다.

105

다시, 차원 높은 인간에 대하여 2

초인은 나의 첫 번째이자 유일한 목표다. 내가 인간을
사랑하는 이유는 오직 인간만이 건너가는 존재, 몰락하는
존재이기 때문이다. 차원 높은 그대들이 경멸하고 절망했던
것들, 그 안에도 배우고 존경할 것들이 있다.

오늘날 세상의 주인은 왜소한 자들이다. 자잘한 덕을
설교하는 그들은 좋고 선하고 안락한 것을 질문하며 오늘의
주인 행세를 한다. 이 왜소한 자들을 극복하라. 그들에게
굴종하느니 차라리 절망하라.

"차원 높은 인간들이여, 왜소한 덕을, 가소로운 재치를,
모래알 같은 조바심을, 개미떼 같은 잡동사니를, 가엾은
자기만족을, 최대 다수의 행복을 극복하라!"

짤고 Message

'최대 다수의 최대 행복'. 영국의 공리주의자 벤담이 주장한 가치 기준이다.
가장 많은 사람에게 가장 큰 행복을 주는 행위가 선(善)이고 도덕이라는
의미다. 이 사상은 근대 시민사회의 윤리적 기준이 되어 자본주의의 토대가
되었다.

106

다시, 차원 높은 인간에 대하여 3

그대들은 용기 있는 자인가? 두려움을 제어할 줄 아는 용기,
독수리의 눈으로 심연을 보는 용기, 독수리의 발톱으로
심연을 붙드는 용기를 지녔는가? 양의 발톱으로 용기를 낼
수는 없다.
여기, 차원 높은 인간들이여! 그대들은 더욱 파멸해야 한다.
그럼으로써 더 높이 성장할 수 있다. 그대들은 아직 충분히
고통스럽지 않다. 자신의 고통이 아니라 인류의 고통을
생각하라. 그들의 눈을 멀게 할 지혜의 번개를 내리쳐야 한다.

"심연을 보되 독수리의 눈으로 보는 자, 독수리의
발톱으로 심연을 움켜잡는 자, 그가 용감한 자이다."

 짤고 Message

사자의 용기를 지닌 자만이 어린아이가 될 수 있다. 용기 있는 자만이 모두
부수고 새롭게 창조할 수 있다.

107

다시, 차원 높은 인간에 대하여 4

오늘날, 세상은 천민들의 것이다. 크고 곧은 것, 정직함보다
귀한 것은 없다. 그대 차원 높은 인간들이여, 용감한
자들이여! 천민들이 지닌 근거 없는 믿음에 대해 건강한
불신을 지녀야 한다. 천민들의 세상에선 학자들 또한 무엇이
진리인지 알지 못한다. 그러니 남의 등에 올라타 높이 오르려
하지 말고, 그대들의 두 다리로 목적지를 향해야 한다.
그대, 창조하는 자들이여! 부디 귀를 막고 오직 자기 안의
아이만을 위해 창조하라. 왜소한 이웃을 창조하는 일이
없도록 하라. 그들은 그대들의 사랑을 누릴 자격이 없다.

"새로운 아이의 탄생. 아, 그로 인해 새로운 오물이 얼마나 많이 이 세상에 생겨났는가! 물러서라! 아이를 낳은 자는 자신의 영혼을 깨끗이 씻어야 한다!"

 짤고 Message

"하늘은 높고 땅은 낮아, 하늘과 땅의 구별이 정해졌다. 낮은 것과 높은 것이 벌여 있어서 귀한 것과 천한 것이 각기 자리를 얻게 된다. 움직임과 고요함에 일정함이 있어 강한 것과 유순한 것이 결정된다. 삼라만상은 같은 종류끼리 모이고, 만물은 무리를 지어 나누어지니, 이로부터 길함과 흉함이 생긴다."(<주역周易> 중)
쉽게 풀이하면 유유상종(類類相從)이다.

108

다시, 차원 높은 인간에 대하여 5

또한 자신의 능력을 넘어선 덕은 바라지 말아야 한다. 선조의
악덕이 있는 곳에서 성자인 척 해봐야 바보짓일 뿐이다.
커다란 일을 그르쳤다고 포기해서도 안 된다. 인간의 미래는
실패와 반쯤의 성공을 헤치고 다가오는 법이다. 그저 마땅히
웃어야 하는 방식으로 스스로를 비웃는 방법을 배워야 한다.
차원 높은 인간들이여, 아직 우리 의지가 해낼 수 있는 일은
많고, 대지에는 완전한 사물들이 풍성하게 널려 있다. 그것이
우리에게 희망을 가르칠 것이다.

"인간의 가장 멀고 가장 깊고 별처럼 가장 높은 것,
인간의 거대한 힘. 이 모든 것이 그대들의 항아리 속에서
서로 부딪치며 거품을 내뿜고 있지 않은가?"

 짧고 Message

실패와 반쯤의 성공으로 점철된 현재를 살다 보면 미래에 다다른다.
니체와 차라투스트라가 권하는 미래를 여는 방식은, 의지를 품되 스스로를
경멸하는 자기 극복의 엄격함을 잃지 않는 것이다.

109

다시, 차원 높은 인간에 대하여 6

어떤 자가 자신의 길을 가고 있는지 아닌지는 그 걸음걸이를
보면 알 수 있다. 자신의 목표에 접근한 자는 춤을 춘다. 대지
위에 수렁과 같은 슬픔이 있다 해도 가벼운 발로 얼음판
위인 양 춤을 추어야 한다. 마음을 고양시키고 더 높게! 더
좋기로는 물구나무를 서는 것이다!
내 지혜가 말하길, 불행한 바보보다는 행복한 바보,
걷기보다는 춤추는 것이 낫다. 바람처럼 춤추는 자, 폭풍의
정신을 칭송하라! 웃음 짓는 폭풍을 칭송하라!
그대, 차원 높은 인간들이여, 부디 그대들 자신을 넘어 춤추고
웃는 것을 배우라. 그대들에게 웃는 자의 면류관을 던진다!

"산 위 동굴에서 몰아치는 바람처럼 행동하라. 바람은
자신의 피리 소리에 맞춰 춤추려 한다. 바람의 발자국
아래에서 바다가 몸을 떨며 뛰논다."

짧고 Message

니체에게 춤은 자유로운 정신, 힘에의 의지, 자기 극복의 여정이다. 자신의
운명을 끌어안는 힘찬 몸짓이다.

110

유혹의 노래

차원 높은 자들을 향한 일장연설을 마친 차라투스트라는
맑고 고요한 공기를 찾아 잠시 동굴 밖으로 나섰다. 그곳에선
차라투스트라의 짐승, 뱀과 독수리가 기다리고 있었다. 셋은
나란히 앉아 상쾌한 바깥 공기를 마셨다.

그리고 그때, 차라투스트라가 자리를 비운 틈을 타 늙은
마술사가 슬픔의 정령, 어스름의 악마가 불러일으킨
감성으로 노래를 부르기 시작한다.

마술사가 부르는 슬픔의 노래는 모든 진리로부터 추방된
어릿광대와 시인의 한탄이었다. 마술사의 교활하고도 우울한
노래는 동굴 속 차원 높은 자들을 유혹했다. 그들 중 오직
양심을 지닌 자만이 불쾌감을 느꼈다.

양심을 지닌 자는 완전한 안전을 구하며 차라투스트라의
동굴을 찾았지만, 그가 보기에 나머지 자들은 더 많은
불완전을 갈망하는, 빗나간 덕을 욕망하는 듯 보였다.

차라투스트라는 동굴로 돌아와 이들의 토론을 지켜보며
인간을 인간이게 하는 용기에 대해 이야기한다.

"인간은 가장 사납고 가장 용기 있는 짐승들을 시기하여
그들로부터 덕을 강탈했다. 그리하여 비로소 인간은
인간이 되었다."

짧고 Message

유혹은 위버멘쉬(초인)로 향하는 모든 길목에 놓여있다. 그러나 그것이
인간이 걷는 길이기도 하다.

사막의 딸들 사이에서

다시금 차라투스트라가 맑은 공기를 마시기 위해 동굴을
벗어나려 하자, 차라투스트라의 그림자를 자처했던 방랑자가
다급히 그를 막아섰다. 방랑자는 차라투스트라가 없는 새
차원 높은 자들이 또다시 슬픔의 정령에 휩싸이길 원치
않았다.

대신 그는 자신이 사막의 딸들 사이에서 지었던 노래를
부르기 시작했다.

"사막은 자라난다. 사막을 품고 있는 자에게 화 있을지라!"
노래는 슬픔에 젖은 유럽으로부터 가장 멀리 떨어져
있는 사막에서 만난 동방의 소녀들을 예찬했다. 이국적인
소녀들을 향한 후식처럼 달콤하고도 열정적인 노래는 동굴
안을 웃음과 흥겨운 소음으로 채웠다.

차라투스트라가 지켜보기에, 그것은 회복의 조짐이었다.

"우리의 울부짖음과 긴박한 외침이라는 사악한 놀이가 다시 시작될 것이다. 아, 차라투스트라여! 우리와 함께 있어다오. 이곳에는 큰 소리로 떠들고 싶어 하는 숨겨진 불행이 많이 있다."

짧고 Message

회복은 새로운 힘을 갈망하게 하는 치유이자, 한 계단 자신을 극복하는 과정이기도 하다.

112

치유와 일깨움

조금은 시끌벅적하지만 차라투스트라는 그 소란함이 싫지
않았다. 적어도 그들은 나름의 방법으로 회복하고 웃고
있었으니까.

그때였다. 갑자기 동굴의 소란이 쥐 죽은 듯 조용해졌다.
수상함을 느낀 차라투스트라가 살그머니 다가가 들여다보니,
그들은 모두 늙은 노파처럼 무릎을 꿇고 경건하게 기도하고
있는 것이 아닌가. 차라투스트라는 보고도 믿을 수 없었다.
그들은 나귀 한 마리를 신으로 경배하고 있었다.

손님들은 드디어 미쳐버린 것인가?

"그들에게 다시 **신앙심**이 생기다니, **기도하고** 있다니,
미쳐버렸구나!"

짤고 Message

니체에게 인간은 위버멘쉬(초인)를 열망하는 어린아이가 될 수도 있지만,
너무도 쉽게 신 앞에 무릎 꿇는 약한 존재이기도 하다.

나귀 축제

그것은 예배처럼 보였지만 사실은 축제였다. 나귀 축제.
제각각의 차원 높은 자들은 자신들의 의지로 이미 죽은 신을
대신해 나귀를 경배하며 웃었다.

나귀는 새로운 신일까? 동굴 안 손님들은 모두가 쾌락과
악의로 허우적거리며 경건해졌다. 그들은 이제 아이가 된
것이다.

차라투스트라는 매우 즐거웠다. 그는 오늘 밤의 나귀 축제를
좋은 징조로 받아들였다. 치유되고 있는 자만이 오늘 같은
축제를 벌일 수 있으리라.

"이제 이 아이들의 방을 떠나라. 오늘 온갖 유치한 짓거리들이 벌어지고 있는 나의 동굴에서 나가라. 여기 밖으로 나와 그대들의 달뜬 아이 같은 분방함과 마음의 소란을 차갑게 식혀라!"

짧고 Message

이제 한바탕 축제가 끝나가고 있다. 동굴에 모인 자들은 아이의 분방함으로 즐거웠다. 니체의 차라투스트라 역시 위버멘쉬(초인)를 향한 긴 여정을 마쳐야 할 때가 왔다.

114

밤 산책

차라투스트라와 그의 손님들은 하나둘씩 동굴을 벗어나 달빛
아래 섰다. 그들은 모두 노인들이었지만 하나 같이 용기와
행복에 넘쳐 있었다.

그때 놀라운 일이 벌어졌다. 더없이 추악한 자가 모두의
마음을 움직인 훌륭한 질문을 던진 것이다.

"차라투스트라와 더불어 보낸 하루와 축제는 대지를
사랑하는 법을 가르쳐주었다. 이것이 바로 삶이다. 자, 다시
한번!"

차원 높은 손님들은 차라투스트라에게 감사와 존경을
보냈다. 설핏 비틀거림을 느낀 차라투스트라는 정신을
추스르고 말했다.

"오라! 이제 한밤중이 다가온다!"

시간은 자정을 향해 가고 있었다. 차라투스트라의 말소리에
주위는 더욱 조용해졌다. 그리고 깊은 곳으로부터 천천히
종소리가 들려왔다.

"때가 왔다. 밤 속으로 떠나자!"

짤고 Message

요란했던 축제는 밤을 부르고 있다. 정오의 반대편에 있는 자정은 완전한
어둠, 완벽한 침묵이다. 이 밤의 반대편엔 다시 위대한 정오가 기다리고
있을 것이다.

차라투스트라의 돌림노래

한밤중이 다가온다. 한밤중이 낮고도 은밀한 탄식을
내뱉는다. 누가 대지의 주인이어야 하는가? 때가 왔다.
그대들, 차원 높은 인간들이여, 무덤을 파헤치고 시체를
깨워라!
쾌락은 마음의 고통보다 깊으니, 완전하고 성숙한 모든 것은
죽기를 바란다. 쾌락은 자기 자신을, 영원을, 회귀를 원하며,
모든 것의 영원한 자기 동일성을 원한다. 그리고 고통은
말한다. 사라져버려라!
한밤중은 또한 정오이기도 하다. 고통 또한 쾌락이고, 저주
또한 축복이며, 밤 또한 한낮의 태양이다. 그대들은 새롭고
영원한 모든 것, 사슬로 연결되어 사랑으로 엮여 있는
세계를 사랑했다. 그대 영원한 자들이여, 사라져라, 하지만
되돌아오라! 이것이 나의 노래이다.

"쾌락은 모든 것들이 영원하기를 원하고, 깊고 깊은
영원을 원한다!"

짤고 Message

끝나지 않을 것 같은 돌림노래가 있다. 그것은 마치 니체의 '영원 회귀'와
같다. 대척점에 서 있는 것들이 끊임없이 회전하며 서로의 꼬리를 문다.
정오와 자정이, 고통과 쾌락이, 찰나와 영원이.

사자에서 아이로

이른 아침, 홀로 깨어난 차라투스트라는 동굴 밖으로 나와
바위에 걸터앉았다. 차원 높은 자들은 아직 잠들어 있었다.
태양이 떠오르고, 갑자기 무수한 새 떼가 차라투스트라
주위에 몰려들어 날개를 퍼덕였다. 그 날갯짓 소리는 몹시도
요란했다. 그리고 그때, 차라투스트라는 자기도 모르는 새
어떤 무성하고도 따뜻한 털 뭉치 속으로 손을 집어넣었다.
그와 동시에 부드럽고 기다란 사자의 울부짖음 소리가
들렸다. 드디어 '징조가 왔다'. 차라투스트라의 발치엔 노랗고
힘센 사자가 엎드려 있었다. 사자는 사랑에 넘치는 몸짓으로
차라투스트라의 무릎에 기대 있었다. 이 광경은 시간마저도
멈춘 완전한 침묵, 수줍은 기쁨의 순간이었다.

"나의 아이들이 가까이 왔구나. 나의 아이들이."

서양 속담에 '동트기 전이 가장 어둡다(The darkest hour is that before the dawn)'는 표현이 있다. 아이가 되기 전, 인간의 정신은 용맹한 사자로 성장하고, 차라투스트라는 위대한 징조를 맞이하기에 앞서 수줍은 침묵에 잠긴다.

위대한 징조

그때 동굴 안에서 잠자던 차원 높은 자들이 깨어나
차라투스트라에게 아침인사를 하기 위해 줄지어 나왔다.
놀란 차라투스트라의 사자가 사납게 포효하며 달려들었다.
차원 높은 자들은 비명을 지르며 순식간에 사라져버렸다.
차라투스트라는 주위를 둘러보았다. 홀로였다.
방금 무슨 일이 일어났단 말인가? 어제와 오늘 사이, 긴박한
외침으로 나를 나서게 했던 것은 예언자가 말했던 마지막
죄를 짓기 위해서였나?
그렇구나. 나의 마지막 죄는 동정이다. 차원 높은 인간들에
대한 동정!
드디어 차라투스트라는 고통과 동정에서 벗어나 사자와
아이들을 맞았다. 그의 때, 그의 아침, 위대한 정오를
맞이했다.

"자! 사자가 왔다. 나의 아이들도 가까이 있다.
차라투스트라는 완전히 성숙했다. 나의 때가 왔다.
이것은 나의 아침이다. 나의 낮이 시작된다. 자, 솟아라,
솟아오르라, 그대 위대한 정오여!"

짤고 Message

아모르파티(Amor Fati). 대중가요 제목이 아니다. 니체의 운명관을
집약한 단어다. '사랑'을 뜻하는 라틴어 아모르(Amor)와 '운명'을 뜻하는
'파티(Fati)의 합성어다. 우리말로 풀이하면 운명애(運命愛)로 쓸 수 있다.
운명에 굴복하지 않고 고통까지도 적극적으로 끌어안아 삶을 사랑하라는
의미다.
"Amor fati: das sei von nun an meine Liebe!
운명애: 이것이 나의 사랑이 되게 하라!"
니체의 저서 <즐거운 지식 Die fröhliche Wissenschaft, 1887>에
등장했다.